Luise Holthausen

Heute ist dein Tag!

FSC
www.fsc.org
MIX
Papier aus verantwortungsvollen Quellen
FSC® C083411

www.herder.de

Umschlagillustration: Edda Skibbe
Gesamtgestaltung: Nadine Clemens, München
Druck: CPI books GmbH, Leck
Printed in Germany

ISBN 978-3-451-71473-3

Luise Holthausen

Heute ist dein Tag!

Geschichten zur Erstkommunion

Mit Illustrationen
von Edda Skibbe

HERDER
FREIBURG · BASEL · WIEN

Inhalt

Sarahs Senfkorn	7
Die Nervtante	15
Unter Männern	22
Der Hexenhund	28
Coole Jungs	36
Der große Streit	46
Pauline Besserwisserin	52
Der neue Ball	57
Geheimnisvolle Briefe	66
Eine Überraschung für Pauline	74
Alles ungerecht!	82
Emilys Küchendienst	89
So viel Geld!	97
Das Geheimversteck im Schrank	104
Der schiefe Tag	112
Die verlorene Patin	119
Heute ist dein Tag!	127

Sarahs Senfkorn

Aus dem Wohnzimmer dringen laute Geräusche. Ein Kind lacht, dann scharren Kartons über den Fußboden, Schranktüren schlagen, Schubladen werden auf- und zugeschoben: Mama räumt zusammen mit dem kleinen Flo die Umzugskisten aus. Das ist gut! Dann vergisst sie bestimmt, dass Sarah heute ihre erste Kommunionstunde hat und eigentlich gleich losmüsste.
Irgendwo poltert etwas, dann nähern sich Schritte über den Flur. Schnell wirft sich Sarah aufs Bett und kneift die Augen zu.

Ihre Tür klappt. »Sarah?«, hört sie Mama sagen.
»Ich ruh mich nur kurz aus«, murmelt Sarah.
»Du musst dich fertig machen. In einer Viertelstunde fängt dein Kommunionunterricht an.«
Unvermittelt springt Sarah auf und stürzt sich auf eine der vielen Umzugskisten, die in ihrem Zimmer herumstehen. »Ich muss erst noch die Kartons ausräumen.«
»Das hat Zeit bis später«, meint Mama.
»Nächste Woche geh ich dann zum Kommunionunterricht, ganz bestimmt«, versichert Sarah. Aber heute kann sie nicht. Das muss Mama doch einsehen.
»Komm, du hast doch was.« Mama bekommt diesen durchdringenden Blick. Diesen allwissenden Mamablick, vor dem man nichts verbergen kann. »Vor Kurzem hast du dich noch auf den Kommunionunterricht gefreut. Was hat sich denn auf einmal geändert?«
Sarah beißt sich auf die Lippen. Ja, sie hatte sich mal gefreut. Sehr sogar. Aber das war, als sie noch in der alten Wohnung wohnten und Sarah noch in die alte Schule ging.
Mama schaut sich um. »Gefällt es dir denn hier

nicht? Du hast so ein schönes Zimmer. Die Wohnung ist viel größer und dann der Garten ...«

»Aber die Kommunionkinder kennen sich alle schon«, bricht es aus Sarah heraus. »Nur ich kenne niemanden.«

»Du warst doch heute in der neuen Schule«, erinnert Mama sie. »Bestimmt geht auch jemand aus deiner Klasse in den Kommunionunterricht.«

Das ist es doch gerade! Warum will Mama das nur nicht verstehen? Heute Morgen in der Schule, da waren alle blöd. Haben sie überhaupt nicht beachtet. Vor allem in der Pause. Ein paar Kinder haben Tischtennis gespielt, andere Fangen und einige sind auf einem Klettergerüst herumgeturnt. Nur Sarah hat allein am Rand gestanden. Und jetzt wird sie wieder am Rand stehen.

Aber Mama bleibt hartnäckig. »Du kannst dich nicht drücken. In der nächsten Stunde wird es nicht besser.«

Und so muss Sarah gehen. Natürlich kommt sie wegen ihrer Trödelei viel zu spät ins Gemeindehaus, und alle anderen haben sich schon ihre Plätze gesucht. Und natürlich quatschen und lachen sie wieder miteinander, so wie heute Morgen in der

Schule: Emily und Vanessa, Janis und Marvin, Fabi und Pauline und all die anderen. Nur sie hat wieder niemanden. Nur sie ist wieder ausgeschlossen. Und wenn sie einfach wieder geht?

In diesem Moment kommt mit wehendem Mantel und einer Riesentasche unterm Arm ein Mann zur Tür herein. Das ist wohl der Pfarrer.

»Komm, setz dich zu uns«, sagt er freundlich zu Sarah.

»Hab keinen Platz«, murmelt sie.

»Hier ist noch frei.« Er weist ihr einen Stuhl zu. Ausgerechnet neben dieser Zicke Vanessa! Sarah dreht schnell den Kopf weg, damit sie die nicht anschauen muss.

Der Pfarrer begrüßt alle und stellt sich vor. »Ich bin Pfarrer Helm und freue mich auf die nächsten Monate mit euch, die wir bis zur Kommunionmesse miteinander verbringen werden. Wir werden eine Menge zusammen entdecken: unseren Glauben, die Bibel und was das eigentlich alles mit unserem Leben zu tun hat. Aber zuerst mal machen wir ein Spiel, damit wir uns alle besser kennenlernen.«

»Wir kennen uns doch alle schon«, ruft Marvin.

Von wegen! Sarah kennt niemanden. Jedenfalls nicht so richtig. Aber klar, Marvin war auch in der Schule schon so ein schrecklicher Besserwisser.

»Ich kenne euch noch nicht alle«, erwidert Pfarrer Helm. »Und sowieso kann ich mir furchtbar schwer Namen merken. Also müsst ihr mir ein bisschen helfen.«

Er holt einen Luftballon aus seiner Riesentasche und bläst ihn auf. Die Kinder kichern. Pfarrer Helm sagt: »Ich bin Pfarrer Helm« und gibt dem Luftballon einen Schubs.

Er schwebt auf einen Jungen zu. »Ich bin Daniel«, ruft der und schubst den Luftballon weiter. Der Ballon schwebt zu Janis, von dort zu Vanessa, und so geht es immer weiter, hin und her, quer durch den Raum. Die Kinder lachen und rutschen auf ihren Stühlen herum.

Und dann schwebt der Luftballon auf Sarah zu. Sie macht sich ganz klein. Aber der Ballon schlägt keinen Haken, er platzt auch nicht. Er landet genau auf ihren Knien. Jetzt kann sie nicht mehr ausweichen.

»Ich bin Sarah«, flüstert sie. Ohne jemanden anzuschauen, schubst sie den Luftballon weg.

Pfarrer Helm fängt ihn auf. »Jetzt machen wir es anders«, sagt er. Er steht auf, geht auf Emily zu und begrüßt sie: »Hallo, Emily.« Dann legt er ihr den Luftballon in die Arme.
Emily schaut sich um, dann steht sie entschlossen auf und marschiert auf Sarah zu. »Hallo, Sarah.«
Sarah blinzelt. Emily hat sich ihren Namen gemerkt! Emily lächelt sogar, als sie Sarah den Ballon in die Arme legt. Mit wackligen Knien steht Sarah auf und trägt den Luftballon zu Janis. »Hallo, Janis«, flüstert sie. Auch Janis lächelt. Und Sarah

wird es ganz warm im Bauch. Vielleicht sind die alle doch nicht so blöd, wie sie gedacht hat?
Nachdem alle reihum dran waren, beendet Pfarrer Helm die Runde. Aus seiner Riesentasche holt er eine Bibel heraus und liest ihnen einen Abschnitt vor:

Die Apostel baten den Herrn: Stärke unseren Glauben! Der Herr erwiderte: Wenn ihr Glauben hättet wie ein Senfkorn, würdet ihr zu diesem Maulbeerbaum sagen: Entwurzle dich und verpflanz dich ins Meer! und er würde euch gehorchen. *Lukas 17,5–6*

Wieder kramt Pfarrer Helm in seiner Tasche. Alle starren ihn neugierig an und sehen zu, wie er diesmal ein Tütchen herauszieht.
»Was sind denn da für komische Körnchen drin?«, platzt Fabi heraus.
Pfarrer Helm gibt jedem eins der Körnchen in die Hand. »Das ist das Senfkorn, von dem in der Bibel die Rede ist. Zu Hause könnt ihr es einpflanzen und sehen, wie es wächst.«
Sarah schließt die Finger fest um das Senfkorn.

Auch in ihr wächst so was wie ein Senfkorn. Ein Stück Vertrauen. Ein Stück Glaube, dass alles gut werden und sie hier Freunde finden wird.

Die Nervtante

Emily nimmt ihre Jacke vom Garderobenhaken. Heute war die dritte Kommunionstunde, und zum ersten Mal haben sie auch eine Hausaufgabe bekommen. Aber diese Aufgabe ist anders als die aus der Schule. Sie sollen nichts lesen oder aufschreiben oder ausrechnen. Sie sollen etwas herausfinden.

»Liebe deinen Nächsten wie dich selbst«, hat Pfarrer Helm aus der Bibel zitiert. »Aber was ist das, die Nächstenliebe? Darauf möchte ich beim nächsten Mal eure Antworten hören.«

Neben Emily schlüpft Sarah in ihre Jacke. »Kommst du noch mit zu mir?«, fragt sie.
Emily schüttelt den Kopf. »Geht leider nicht. Meine Tante kommt heute.«
»Musst du denn da auch dabei sein?«
»Ja, Mama will das unbedingt.« Emily verdreht die Augen. »Eigentlich ist Tante Klara ja Papas Tante. Sie ist schon uralt und wohnt alleine in einem Bungalow, der ist bestimmt dreimal so groß wie unsere ganze Wohnung. Alle paar Wochen kommt sie zu Besuch. Mama sagt, sie will mich auch sehen, aber ich glaube, Mama will bloß nicht mit ihr alleine sein, weil sie ihr so auf die Nerven geht. Und Papa drückt sich eh immer und sagt, er muss Überstunden machen.«
»Wenn sie so doof ist, warum ladet ihr sie überhaupt ein?«, fragt Sarah verwundert.
»Weil Tante Klara massig Geld hat. Und keine Kinder. Mama hofft, sie vererbt Papa mal alles.«
Ein Stück Weg nach Hause können Emily und Sarah noch zusammen gehen. Sarah ist ganz still und schaut nur nachdenklich vor sich hin. Vielleicht grübelt sie schon über die Hausaufgabe nach? Als sie in Emilys Straße angekommen sind,

sagt Sarah plötzlich: »Vielleicht ist deine Tante ein bisschen wie ich.«

Emily kichert. »Du bist doch nicht uralt.«

»Aber ich hab mich am Anfang auch blöd benommen. Ich dachte, ihr wollt mich nicht in eurer Klasse haben. Und ihr habt gedacht, ich kann euch nicht leiden.«

Das stimmt. Als Sarah neu in die Klasse kam, da hat sie ein finsteres Gesicht gemacht und wollte keinen richtig anschauen. Daran kann Emily sich noch gut erinnern. »Ist die komisch«, hat sie damals gedacht. Aber nach der ersten Kommunionstunde hat sich das geändert. Und jetzt sind sie schon richtig gute Freundinnen!

»Ich versuch es einfach mal«, nimmt Emily sich vor. »Heute bin ich nur nett zu Tante Klara. Vielleicht wird sie dann auch nett.«

Zu Hause steht Mama in der Küche, eine Kehrschaufel voller Scherben in der Hand, und hat schon ihr genervtes Tante-Klara-ist-zu-Besuch-Gesicht, obwohl Tante Klara noch gar nicht da ist.

»Ist was passiert?«, fragt Emily.

»Die Mehltüte ist umgefallen, der Kuchen ist angebrannt, ein Teller ist zerbrochen«, zählt Mama auf.

Na, das kann ja ein heiterer Nachmittag werden.
Es klingelt. Emily rennt zur Tür, reißt sie auf und schmettert der nach oben keuchenden Tante Klara ein freundliches »Hallo, Tante Klara!« entgegen. Als Tante Klara oben angekommen ist, nimmt Emily ihr den Mantel ab und schiebt ihr einen Stuhl hin. »Setz dich doch!« Schnaufend sinkt Tante Klara auf den Stuhl.
»Warum habt ihr bloß so viele Treppen?«
»Weil wir im vierten Stock wohnen«, gibt Mama zurück. Ihr linkes Augenlid beginnt zu zucken.
»Willst du was trinken?«, fragt Emily.
Die Tante nickt. Emily schenkt ihr Kaffee und ein Glas Wasser ein. Die Tante nickt wieder, bedankt sich aber nicht. Sie ist schon wieder bei ihrem Lieblingsthema. »Die Welt verkommt. Die Menschen sind schlecht. Heute Morgen beim Bäcker hat einer so gedrängelt, dass ich beinahe gestürzt wäre. In meinem Alter ist das gefährlich!«
»Ja, ja«, murmelt Mama und schaut aus dem Fenster.
»Willst du auch einen Kuchen?«, fragt Emily.
Tante Klara nickt. Sie isst und redet gleichzeitig. Nein, sie schimpft. Über den Arzt, bei dem sie trotz

Termin so lange warten musste. Über ihre Putzfrau, die in den Ecken nie richtig sauber macht. Über die Nachbarn, die immer sonntags in der Mittagszeit so laut sind. Über das Unkraut, das in ihrem Garten schneller wuchert, als sie es ausrupfen kann.

»Du Arme«, sagt Emily, als Tante Klara einen Moment Luft holen muss.

»Was?«, fragt Tante Klara.

»Du Arme«, wiederholt Emily. »Vielleicht können dir die Nachbarn mal im Garten helfen? Und auch sonst so. Dann bist du nicht immer so alleine.«

»Du hast mir ja zugehört«, sagt Tante Klara verwundert.

»Na klar«, sagt Emily. »Dafür erzählst du es doch, oder? Sonst bräuchtest du ja gar nicht zu reden, wenn eh keiner zuhört.«
Mama dreht schnell den Kopf weg. Wird sie etwa rot?
Auch Tante Klara hat eine komische Gesichtsfarbe bekommen.
»Ich erzähle viel zu viel«, murmelt sie. Und lauter: »Deswegen bist du jetzt mal dran. Was gibt es denn bei dir für Neuigkeiten?«
»Tolle Neuigkeiten gibt es! Ich zeig sie dir.« Emily springt auf und rast in ihr Zimmer. Ein paar Sekunden später ist sie wieder da und hält Tante Klara ein Blumentöpfchen unter die Nase. »Das Senfkorn keimt! Guck, da kommen zwei winzige Blättchen aus der Erde.«
Jetzt setzt sich auch Mama endlich zu ihnen an den Tisch. »Ein Senfkorn? Davon wusste ich ja noch gar nichts.«
»Erzähl«, sagt Tante Klara.
Und Emily erzählt vom Senfkorn und vom Kommunionunterricht. Dann erzählt sie von Sarah.
»Du hast eine neue Freundin? Davon wusste ich ja noch gar nichts«, sagt Mama wieder.

Tante Klara hört mit einem verständnisvollen Nicken zu. »Das kenne ich. Deine Sarah hatte Angst, zurückgewiesen zu werden. Deswegen war sie lieber gleich biestig.«

»Aber jetzt ist sie meine Freundin«, sagt Emily. »Ach ja, und wir haben eine Hausaufgabe auf. Liebe deinen Nächsten wie dich selbst. Wir sollen herausfinden, was Nächstenliebe ist. Tante Klara, weißt du das?«

Tante Klara lächelt. »Oh ja, das weiß ich jetzt. Und du, mein Kind, du weißt es auch schon ganz gut.«

Emily stutzt. Stimmt, sie war eben so nett zu Tante Klara, wie sie sich immer wünscht, dass man zu ihr selbst auch nett ist. Ob das Nächstenliebe ist? Das muss sie morgen unbedingt mit Sarah besprechen.

Unter Männern

»Hallo, ich bin wieder da!« Janis trampelt zur Tür hinein und wirft seinen Ball in die Ecke. Leider hat er etwas zu viel Schwung, denn der Ball streift dabei den Spiegel. Es scheppert gewaltig.
Janis hält den Atem an. Aber der Spiegel bleibt heil, und Mama schaut nicht um die Ecke und will wissen, was das eben für ein Krach war. Komisch eigentlich.
Und im Wohnzimmer läuft der Fernseher. Das ist auch komisch. Sonst läuft der nur abends nach dem Essen.

»Mama?«, fragt Janis.
Dann fällt es ihm wieder ein. Mama ist gar nicht da! Mama ist diese Woche auf einer Fortbildung. Also wird niemand zu ihm sagen, er möge doch bitte im Flur besser mit seinem Ball aufpassen. Und er möge doch bitte seine Schuhe ausziehen und ordentlich unter die Garderobe stellen. Und dann möge er doch bitte auch noch den Dreck wegfegen, den er mit reingebracht hat.
Nein, niemand sagt was. Stattdessen kann Janis mit Schuhen ins Wohnzimmer gehen, wo Papa nach der Arbeit auf dem Sofa sitzt und Fernsehen guckt.
»Hallo, Papa.«
»Hm«, macht Papa.
Zufrieden zieht Janis seine Jacke aus und wirft sie über einen Stuhl. So ist das nämlich unter Männern. Die machen nicht so viele Worte. Mama dagegen will immer alles ganz genau wissen. Kaum ist er zur Tür herein, fängt sie an, ihn auszufragen: »Was war in der Schule, und wie geht's deinem Freund Marvin, und hast du schon Hausaufgaben gemacht, und was hat Pfarrer Helm euch heute erzählt? Alles muss ich dir aus der Nase ziehen«, klagt Mama immer.

Aber Papa sitzt einfach nur im Sessel und guckt Fernsehen. Toll ist das! Gerade läuft ein Vorabendkrimi. Mehrere Polizisten jagen einem Mann hinterher. Die Pistolen knallen. Und irgendwas grollt und rumpelt.

Nach einer Weile merkt Janis, dass diese Geräusche aus seinem Magen kommen.

»Ich hab Hunger«, sagt er.

»Kannst dir ja ein Brot machen«, antwortet Papa, ohne den Blick vom Fernseher zu wenden.

Stimmt, das kann er selbst machen. Er muss schließlich nicht begluckt werden wie ein kleines Baby. Janis geht in die Küche und belegt sich ein Brot mit Käse.

»Kann ich an den Computer gehen?«, fragt er.

Papa nickt.

Wahnsinn! Janis schnappt sich sein Brot und rennt in sein Zimmer. Da kann er ja gleich das Spiel ausprobieren, das Marvin ihm ausgeliehen hat. Oder sein Buch weiterlesen. Oder … Janis dreht sich einmal im Kreis. Er kann einfach alles machen!

Das Brot ist hart. Er hat die Butter vergessen. Und der Belag schmeckt auch nicht. Obwohl es doch sein Lieblingskäse ist.

Im Zimmer ist es still. Schon komisch, wenn keiner was fragt. Janis geht wieder ins Wohnzimmer. Papa hat sich inzwischen auch etwas zu essen gemacht und sitzt damit vor dem Fernseher, vornübergebeugt, damit ihm nichts auf die Hose krümelt. Im Film wird wieder jemand verfolgt, diesmal mit dem Auto.
»Was guckst du denn?«, fragt Janis.
»Ach, irgend so einen Krimi«, murmelt Papa.
Janis setzt sich zu ihm aufs Sofa. »Ich war heute im Kommunionunterricht.«
»Aha«, sagt Papa.
»Wir haben über das Abendmahl gesprochen.«
»Schön«, meint Papa und schiebt sich noch ein Stück Brot in den Mund.
»Jesus hat am Gründonnerstag, einen Tag vor seiner Kreuzigung, mit seinen Jüngern zum letzten Mal gemeinsam zu Abend gegessen. Wenn wir in der Kirche das Abendmahl feiern, denken wir daran, dass Jesus für uns gestorben und auferstanden ist.«
»Aha«, sagt Papa wieder.
Eine Weile schweigen sie und schauen nur zu, wie im Fernsehen die Autos mit quietschenden Reifen

um die Kurven rasen. Dann sagt Janis: »Wir können ja auch so was machen.«
»Was?«, fragt Papa.
»So ein gemeinsames Mahl.«
»Bin ich Jesus?«, brummt Papa.
Janis steht trotzdem auf und fängt an, den Esstisch zu decken: Teller, Besteck, Gläser und Wasser. Brot und Butter, Käse und Wurst, ein paar Tomaten, ein Stück Gurke. Fehlt noch etwas? Janis überlegt einen Moment, dann stellt er noch das Töpfchen mit seinem Senfkorn auf den Tisch. Die Pflanze ist zwar noch klein, aber trotzdem ein schöner Schmuck.
»Das sieht schön aus«, sagt auch Papa hinter ihm.
Zusammen setzen sie sich an den Tisch. Papa nimmt ein Stück Brot, bricht es durch und gibt die Hälfte Janis.
»Danke«, sagt Janis.

»Nun erzähl, wie war's in der Schule?«, fragt Papa. »Und wie geht's deinem Freund Marvin? Hast du schon Hausaufgaben gemacht?«
»Und wie war's bei dir auf der Arbeit?«, fragt Janis. Und dann sitzen sie zusammen und erzählen sich gegenseitig, ganz lange. Vielleicht ist es kein richtiges Abendmahl wie bei Jesus, aber ein schönes gemeinsames Abendessen ist es doch.

Der Hexenhund

Der Sommer ist vorüber. Jeden Tag schaut Vanessa nach ihrem Senfkorn. Mittlerweile hat es schon vier Blättchen bekommen! Draußen dagegen fallen die Blätter von den Bäumen und werden vom Herbstwind durch die Straßen gewirbelt. Es regnet viel, und an den Abenden wird es schon früh dunkel.

»Lass uns rausgehen«, schlägt Marvin in einer Regenpause vor.

Vanessa zögert. Wahrscheinlich hat ihr Bruder wieder nur Blödsinn im Kopf, sie in eine Pfütze

schubsen oder ihre Mütze in den nächsten Baum werfen oder so was. Bei Marvin muss man auf alles gefasst sein. Vor allem, wenn ihm langweilig ist. Und heute ist ihm langweilig, weil sein Freund Janis keine Zeit hat. Aber Vanessa ist es auch langweilig und deshalb nickt sie schließlich. »Okay, gehen wir raus.«
Sie sind kaum vor der Tür und in die Nebenstraße eingebogen, die zum Spielplatz führt, da legt Marvin auch schon los. »Hu, wie dunkel es schon ist«, raunt er.
»Na und?«, gibt Vanessa zurück.
»Da sind bestimmt Gespenster unterwegs.«
»Halt die Klappe«, faucht Vanessa.
»Und die Vampire, die wollen dich beißen!«
»Ich hab keine Angst, du Idiot!«
In diesem Moment ertönt ein seltsames Fiepen. Jetzt beschleicht Vanessa doch ein komisches Gefühl. »Was ist das?«
Auch Marvin sieht im Dämmerlicht auf einmal sehr blass aus. »Keine Ahnung. Das kam von da vorne.« Er zeigt auf ein großes Haus an der Ecke.
»Da wohnt die Hexenfrau«, flüstert Vanessa.
»Wer?«, stottert Marvin.

»Die Hexenfrau. Weißt du nicht? Pauline hat gesagt, die sieht aus wie aus dem Märchen von Hänsel und Gretel. Mindestens hundert Jahre alt und voller Warzen, aus denen Haare wachsen.«
»Uah, wie gruselig.« Marvin schüttelt sich.
Wieder hören sie das Fiepen. Es wird lauter und lauter, steigert sich zu einem Jaulen. Das ist auch gruselig!
»Das hört sich an wie … ein Hund«, flüstert Marvin.
Ein Hund, der unglücklich ist. Ein Hund, der vielleicht gequält wird. Der in Gefahr ist! Vanessa gibt sich einen Ruck. »Dann müssen wir da rein«, sagt sie entschlossen.

»Spinnst du? Du hast eben selbst gesagt, da wohnt die Hexenfrau. Ich will nicht, dass die mich in einen Käfig sperrt wie den Hänsel im Märchen.«
Marvin lacht. Es soll cool klingen, aber es klingt nur ängstlich.
Auch Vanessa fühlt sich nicht sicher. Aber da ist es wieder. Dieses Fiepen, das sich zu einem Jaulen und Heulen steigert und dann abrupt abbricht. Die Stille danach ist noch schlimmer als das Heulen.
»Da ist ein Tier in Gefahr. Und neulich im Kommunionunterricht haben wir darüber gesprochen: Der Mensch soll die Schöpfung bewahren. Als Gott uns geschaffen hat und sagte, wir sollen über die ganze Erde herrschen, meinte er nämlich nicht, dass wir mit allem machen können, was wir wollen, sondern dass wir Verantwortung dafür haben. Und das heißt? Ist doch klar! Wir haben auch Verantwortung für diesen armen Hund. Wir müssen ihm helfen! Wir müssen ihn vor der Hexenfrau retten.«
Nach diesem Vortrag von Vanessa fällt auch Marvin nichts anderes mehr ein, als zu nicken.
Mit klopfendem Herzen schleichen sie los und klettern über den Zaun. Dahinter liegt ein völlig

verwahrloster Garten. Das Gras ist bestimmt schon seit Monaten nicht mehr gemäht worden, und das Unkraut wächst höher als jede andere Pflanze.

»Da vorne ist ein Fenster.« Vanessa huscht durch das hohe Gras, stellt sich auf Zehenspitzen und linst durch die dreckverschmierte Scheibe.

Und da sieht sie ihn, den armen Hund. Es ist ein struppiger Mischling, klein und ungepflegt. Ist da nicht auch ein dunkler Fleck auf dem Fußboden? Der Hund hat in die Wohnung gepinkelt. Nicht mal ausgeführt hat ihn die Hexenfrau! Wie kann man nur so gemein sein.

»Hey, hier ist eine Hintertür, die ist nicht abgeschlossen«, hört sie Marvins leise Stimme.

Vanessas Herz klopft immer schneller. Sollen sie es wagen? Sie könnten ja einfach die Tür aufmachen, den Hund herbeilocken, ihn schnell auf den Arm nehmen und dann ganz schnell wegrennen … dann wäre er gerettet! Denn die Hexenfrau kann bestimmt nicht rennen.

»Los, komm«, flüstert Vanessa. »Auf drei.« Leise zählen sie: »Eins, zwei …«

»Drei!«, ruft Marvin.

Er reißt die Hintertür auf. Vanessa ruft hinein: »Komm schnell zu mir, kleiner Hund.«
Der Hund bellt, aber er kommt nicht. Ist er festgebunden? Das hat sie durchs Fenster gar nicht gesehen.
»Komm, kleiner Hund«, lockt Vanessa.
Einen klitzekleinen Schritt wagt sie sich ins Haus hinein. Da liegt etwas auf dem Fußboden. Ein Mensch. Schwer atmend, die Augen geschlossen, das Bein seltsam verdreht. Die Hexenfrau!

»Marvin!«, ruft Vanessa erschrocken.
Beide stürzen sie zu der Hexenfrau hin. Sie öffnet mühsam die Augen. »Ich bin gestürzt«, flüstert sie mit vor Trockenheit rissigen Lippen.
»Konnte nicht mehr aufstehen … der Hund … muss raus … Hilfe holen …« Ihre Augen schließen sich wieder.
Marvin hat das Telefon auf einem Schränkchen entdeckt und ruft den Notarzt an. Vanessa durchsucht die Küche, befeuchtet einen Lappen mit Wasser und hält ihn der alten Frau an die Lippen. Der kleine Hund sitzt daneben und wedelt mit dem Schwanz.
Später, als der Notarzt die Hexenfrau versorgt hat, Papa und Mama gekommen sind, und Vanessa den Hund endlich in den Garten hinausgelassen hat, loben alle Vanessa und Marvin. »Das war vorbildlich, wie ihr der alten Dame geholfen habt. Gut, dass ihr nicht einfach weitergegangen seid, sondern geschaut habt, ob jemand Hilfe braucht.«
Vanessa antwortet nicht. Sie schaut immer nur zu der Hexenfrau, die jetzt auf einer Krankentrage liegt und so gar nicht mehr wie eine Hexe aussieht. Sondern nur noch wie eine arme alte Frau, die es

nicht mehr geschafft hat, sich alleine um Haus, Garten und Hund zu kümmern.
»Wird sie wieder gesund?«, fragt sie.
Der Arzt nickt. »Ganz bestimmt. Das Bein scheint zum Glück nicht gebrochen zu sein. Sie ist nur geschwächt und braucht zukünftig etwas Hilfe. Darum wird sich der Sozialdienst kümmern.«
»Und wir«, denkt Vanessa. »Wir werden uns auch kümmern!«
Sie streichelt den Hund. Mama hat versprochen, dass sie ihn mit nach Hause nehmen dürfen, solange sein Frauchen im Krankenhaus ist. Und danach wird sie ihn bestimmt weiterhin ausführen dürfen. Dabei kann sie dann auch immer gleich die Hexenfrau besuchen.

Coole Jungs

Fabi schaut aus dem Fenster und träumt. Vor sich sieht er eine Traube von coolen Typen, die jemanden umringen. Fabi geht auf die Typen zu. Als sie ihn bemerken, mustern sie ihn ablehnend und schließen sich noch enger zusammen.

Da ertönt aus ihrer Mitte eine Stimme: »Lasst ihn durch!« Wie durch Zauberhand öffnet sich der Kreis. Und Fabi steht vor Daniel und seinem Mountainbike.

Daniel sagt zu den anderen: »Ich dreh jetzt eine kleine Runde mit meinem Freund Fabi.«

In diesem Augenblick wächst auch unter Fabi ein Mountainbike aus dem Boden. Nagelneu, mit glänzendem Lack, zig Gängen, einem schnittigen Lenker. Fabi hängt im Sattel, ganz locker, ein Bein auf die Erde gestellt, und grinst Daniel an. Daniel grinst kumpelhaft zurück. Sie fahren los, und Fabi kann im Rücken die neidvollen Blicke der anderen spüren.

»Fabian!«

Fabi fährt hoch. Er sitzt nicht auf einem Mountainbike – kein Wunder, er hat ja gar keins –, neben ihm steht nicht Daniel – kein Wunder, der geht ja gar nicht in seine Klasse – und er braust auch nicht gerade tollkühn einen Abhang hinunter, sondern hockt in einer öden Schulbank und sein Lehrer schaut ihn durchdringend an.

Aber heute Nachmittag! Da trifft er Daniel wieder im Kommunionunterricht. Daniel, den coolsten Typen weit und breit. Daniel mit dem obercoolen Mountainbike, von dem die ganze Schule spricht. Wenn Fabi es ein bisschen clever einfädelt, dann kann er sich heute neben diesen Super-Daniel setzen und endlich mit ihm Freundschaft schließen!

Am Nachmittag radelt Fabi ganz früh los und ist

schon vor allen anderen am Gemeindehaus. Sogar die Tür ist noch abgeschlossen. Vor und zurück läuft er, auf und ab, hin und her. Dann hört er endlich Schritte. Und dann – biegt Daniel um die Ecke. Das ist ja noch besser, als er es sich ausgemalt hat! Nur Daniel und er, niemand sonst.

»Hi«, bringt Fabi heraus.

»Hi«, antwortet Daniel.

Fabi zerbricht sich den Kopf, was er jetzt wohl sagen könnte. Irgendwas voll Cooles muss es sein.

»Hast du die Hausaufgaben gemacht?«, fragt Daniel. »Die Zehn Gebote auswendig gelernt?«

»Nee, natürlich nicht«, erwidert Fabi sofort. Hat er zwar natürlich doch, aber das kann er nicht zugeben. Das ist viel zu streberhaft.

»Mist«, murmelt Daniel. »Hab gedacht, du könntest mir helfen.«

»Ähm …« Fabi hustet. »Vielleicht krieg ich sie noch vom letzten Mal zusammen. Also das erste Gebot: Ich bin der Herr, dein Gott, du sollst keine anderen Götter neben mir haben.«

Er wiederholt den Satz noch ein paar Mal, bis Daniel ihn auswendig kann. Dann kommt leider auch schon Pfarrer Helm und schließt ihnen die Tür auf.

»Setz dich lieber neben mich«, flüstert Daniel Fabi zu. »Falls ich dich noch mal brauche.«
Das lässt Fabi sich nicht zweimal sagen. Vor seinem inneren Auge sieht er wieder die Traube der coolen Jungs, wie sie neidvoll Daniel und ihm hinterherschauen. Daniel auf seinem Superbike und er selbst ... Mist, warum ist er nur mit seinem Schrottrad zum Gemeindehaus gefahren? Wenn Daniel das sieht, lacht er sich ja tot.
»Mein Fahrrad steht zu Hause, das hat einen platten Reifen«, behauptet Fabi deshalb, als sie nach dem Unterricht aus dem Gemeindehaus kommen.
»Meins auch«, sagt Daniel. »Wollen wir noch was zusammen machen?«
Fabi strahlt.
Der Nachmittag vergeht wie im Flug. Sie bauen sich zusammen eine Hütte im Wald, dafür braucht man kein Fahrrad, und als es Abend wird, sind Fabi und Daniel Freunde.
»Bis morgen«, sagt Daniel.
»Bis morgen«, sagt Fabi.
Danach rennt er im Dunkeln zum Gemeindehaus und fährt schnell mit seinem Schrottrad nach Hause. Am nächsten Nachmittag treffen sie sich

wieder in ihrer Waldhütte. Fabi kommt etwas zu spät. Er wollte schon losradeln, aber in letzter Sekunde ist ihm eingefallen, dass er sich vor Daniel besser nicht mit dem, was Papa seinen Drahtesel nennt, blicken lässt.

»Mein Fahrrad ist noch platt«, erklärt Fabi deshalb.

»Meins auch«, sagt Daniel.

Fabi atmet auf. Ein Glück, dann kommt Daniel wenigstens nicht auf die Idee, mit ihm ein Fahrradrennen oder so was zu veranstalten.

Wieder verbringen sie den Nachmittag in ihrer Hütte und keiner denkt an Fahrräder.

Erst als sie sich »Tschüs, bis morgen« zurufen und Fabi sich auf den Heimweg macht, da ist der Gedanke sofort wieder da. Denn was soll er morgen als Ausrede vorbringen? Morgen hat er immer noch kein vorzeigbares Rad. Und er kann doch nicht ewig behaupten, sein Reifen sei platt.

Aber als er zu Hause ankommt, fallen ihm fast die Augen aus dem Kopf! Da steht ein tiefschwarzes schnittiges Mountainbike vor der Tür. Genau so eins könnte er brauchen! Hastig schließt er die Haustür auf und stürmt in den Flur. »Hallo!«

Im Wohnzimmer lümmelt sein großer Bruder

Sven auf der Couch und spielt auf seiner X-Box Skispringen. »Brüll doch nicht so«, knurrt er.
Atemlos fragt Fabi: »Wem gehört das Fahrrad da draußen?«
»Das gehört Markus, wieso?«
Fabi schaut sich um. »Und wo ist er?«
»Auf dem Klo. Mann, wird das hier ein Verhör oder was?«
»Meinst du … ich kann mir das Fahrrad mal ausleihen?«
Sven richtet sich auf und starrt Fabi misstrauisch an. »Spinnst du?«
»Nur morgen. Nur für ein paar Stunden.«
Sven zeigt ihm einen Vogel. »Du hast sie doch nicht mehr alle.« Von nebenan hören sie die Klospülung. »Und untersteh dich, Markus zu fragen«, fügt Sven noch drohend hinzu.
Das war wohl leider nichts. Mit hängendem Kopf schleicht Fabi in sein Zimmer. Also wird er morgen wieder ohne Mountainbike zum Treffen mit Daniel gehen müssen. Wie peinlich!
In der Nacht hat er einen Traum. Eine Traube von ziemlich coolen Typen steht um jemanden herum. Fabi geht auf diese Menschentraube zu. Die ande-

ren schauen ihn finster an und schließen sich noch enger zusammen.
Doch dann ertönt eine Stimme. »Lasst ihn durch!« Und wie durch Zauberhand öffnet sich die Traube, und die anderen lassen ihn durch.
Und Fabi hat freien Blick auf seinen Freund Daniel. Er sitzt auf einem Mountainbike. Ganz locker hängt er im Sattel, ein Bein auf die Erde gestellt, und grinst Fabi höhnisch an. »Mit einem Loser wie dir will ich nichts mehr zu tun haben.«
Dann schließt sich die Traube der coolen Jungs wieder um Daniel, und Fabi steht allein und ausgeschlossen.
Mit einem Ruck fährt er im Bett hoch. Ihm ist ganz heiß und er zittert am ganzen Körper. Was für ein Albtraum! Aber heute könnte er wahr werden.
Als er aufsteht, sieht er auf dem Schreibtisch das Blatt, auf das er für den Kommunionunterricht die Zehn Gebote geschrieben hat. »Ich bin der Herr, dein Gott, du sollst keine anderen Götter neben mir haben«, liest er. Das ist das Gebot, das er Daniel vorgesagt hat. Vor ein paar Tagen, als sie Freunde wurden.
Diese Freundschaft kann er jetzt vergessen. Ob-

wohl? Wenn er es Daniel einfach sagt? Wenn er ihm erklärt, dass es unwichtig ist, was für ein Fahrrad man hat?
Aber dann sucht Daniel sich vielleicht einen anderen coolen Typen als Freund. So ist das Leben nämlich, das wahre Leben. Da haben sich nicht immer alle lieb, und es geht auch nicht immer alles so glatt wie in der Kommunionstunde.
Am Nachmittag holt Fabi trotzdem sein Schrottrad aus dem Keller und fährt zur Waldhütte. Daniel ist schon da und winkt ihm fröhlich zu. »Hi, Fabi!«

Fabi winkt kraftlos zurück. Hat Daniel noch nicht gemerkt, worauf er gerade sitzt?
»Ich hab einen Hammer und Nägel dabei.« Daniel zeigt auf seinen Rucksack. »Schau, damit können wir die Bretter festnageln, dann halten sie besser.«
»Das ist mein Fahrrad«, stößt Fabi statt einer Antwort hervor.
Daniel schaut erst ihn an, dann das Schrottrad.
»Ich hab nämlich kein supercooles Mountainbike«, fährt Fabi fort.
»Ich auch nicht«, sagt Daniel. »Ich hab überhaupt kein Fahrrad.«
Fabi ist baff. »Aber alle erzählen immer …« Zum ersten Mal fällt ihm auf, dass er Daniels Superrad noch nie selbst gesehen hat.
»Ich weiß. Als ich neu in die Klasse kam, hatte ich mir mal von meinem Cousin Markus das Rad geliehen.«
Fabi blinzelt. Markus, das ist doch der Freund von seinem großen Bruder …
»Da fanden mich alle obercool. Und ich fand's toll. Deswegen hab ich immer so getan, als wäre das mein eigenes Mountainbike. Aber es stimmt nicht.

Du bist der Einzige, dem ich das bisher gesagt habe. Aber du bist ja auch mein Freund.«

Eigentlich, schießt es Fabi durch den Kopf, wollte er zuerst auch nur mit Daniel befreundet sein, weil der so cool ist. Und Daniel ist tatsächlich cool. Aber anders, als Fabi bisher dachte.

»Für die Waldhütte brauchen wir eh kein Fahrrad«, sagt er.

»Eben«, meint Daniel.

Und dann packen sie Hammer und Nägel aus und hämmern gemeinsam die Bretter fest.

Der große Streit

Noch ganz verschlafen greift Sarah nach einem Brötchen. Warum müssen die anderen bloß so einen Lärm machen? Papa raschelt mit der Sonntagszeitung, Mama klappert mit dem Besteck, ihr kleiner Bruder Flo klirrt mit seinem Milchglas.
»Und, was machen wir heute?«, fragt Mama unternehmungslustig.
»Ich geh nachher in die Kirche«, erinnert Sarah sie.

Das gehört zur Kommunionzeit dazu, dass sie mit den anderen zusammen sonntags in den Gottesdienst geht.
»Ja, ja, schon klar«, meint Mama. »Aber danach? Was machen wir danach?«
Papa blättert die Zeitung um.
»Zoo«, schreit Flo.
»Da waren wir letzten Sonntag schon.« Mama schüttelt ablehnend den Kopf.
»Eben«, murrt Sarah. »Dauernd rennen wir rum und müssen was machen.«
»Aber ich will die Erdmännchen sehen«, quengelt Flo.
»Wir müssen doch die Gegend kennenlernen«, sagt Mama. »Wo wir gerade erst hergezogen sind.«
»Eben«, wiederholt Sarah. Sie werden ja morgen nicht gleich wieder wegziehen. Also hat das doch Zeit.
»Heute ist verkaufsoffener Sonntag, da könnten wir in die Stadt gehen«, überlegt Mama. »Ich brauche sowieso ein neues Paar Schuhe für die Arbeit.«
»In die Stadt bei dem schönen Wetter?« Papa sieht nicht sehr überzeugt aus. »Lass uns doch lieber zu diesem Freizeitpark fahren, der hier in der

Zeitung empfohlen wird. Das ist auch was für die Kinder.«

»Hab ich keine Lust dazu«, mault Sarah.

»Will zu den Erdmännchen«, schreit Flo schon wieder.

»Nie kann man es euch recht machen.« Papa faltet geräuschvoll die Zeitung zusammen und knallt sie auf den Tisch. »Andere Kinder würden sich riesig freuen, wenn sie in einen teuren Freizeitpark gehen dürften.«

Sarah nicht. Sarah mag keine Achterbahnen, die es in solchen Parks immer gibt. Sie mag auch nicht in einer langen Schlange anstehen und ewig warten, bis sie endlich mal auf irgendein Fahrgeschäft kommt.

Flo freut sich auch nicht. »Ich will die Erdmännchen sehen.« Jetzt klingt seine Stimme schon sehr kieksig.

»Ihr könntet mir aber wirklich mal einen Einkaufsbummel gönnen«, regt Mama sich auf. »Wo ich doch unter der Woche überhaupt nie in Ruhe zum Einkaufen komme.«

»Ausgerechnet an einem Sonntag in Ruhe einkaufen! Da kann ich ja nur lachen«, schnaubt Papa.

Dabei sieht er überhaupt nicht so aus, als würde er lachen. Im Gegenteil. Ein Unwetter scheint sich bei ihm zusammenzubrauen. »Am verkaufsoffenen Sonntag drängen sich die Massen in den Geschäften, das weißt du ganz genau.«
»Zoo!«, schreit Flo dazwischen. »Erdmännchen!«
»Ruhe!«, schimpft Mama.
»Hör auf zu schreien, Flo«, schimpft Papa.
Flo fängt an zu weinen.
Sarah stößt ihren Stuhl zurück und rennt nach draußen. Streit am Sonntagmorgen, wie sie das hasst! Seit sie umgezogen sind, mag sie die Sonntage sowieso nicht mehr. Mama will dauernd was machen, Papa ist ständig gereizt, und immer plärrt Flo dann irgendwann los und lässt sich kaum noch beruhigen.
Aber im Garten, in ihrer Lieblingsecke unter dem hochgewachsenen Rhododendron, da ist es schön. Die Luft ist mild, die bunt gefärbten Blätter leuchten in einen goldenen Sonnentag, und rundum in den Nachbarhäusern herrscht noch Ruhe. Sarah lässt sich ins Gras fallen.
Diese Stille tut so gut! Zuerst denkt man, man hört nichts, aber dann auf einmal nimmt man all

die kleinen Geräusche wahr: das Summen einer Biene, das Zwitschern eines Vogels, das Wispern des Windes in den Bäumen, das leise Rascheln der Blätter …

Sarah wird schläfrig. Die Augen fallen ihr zu, ihre Gedanken beginnen zu wandern, träge, zufrieden …

Ein Schatten fällt über sie. Sarah schlägt die Augen auf. Papa steht vor ihr und lächelt sie an. Sein Unwetter scheint sich verzogen zu haben.

»Schön hast du es hier.«

»Das ist mein Lieblingsplatz«, sagt Sarah.

»Darf ich mich zu dir setzen?«

Sarah nickt. »Klar.«

Papa lässt sich neben ihr im Gras nieder, sagt aber weiter nichts. Sie sitzen einfach so zusammen da, schweigend, und lauschen gemeinsam den Geräuschen der Natur. Schön ist das. Gut tut das.

Nach einer Weile kommt Mama mit Flo an der Hand über die Wiese auf sie zu. »Ach, hier seid ihr.« Jetzt klingt sie wieder normal, nicht mehr so keifend wie vorhin. Flo hat noch Tränenspuren im Gesicht, aber er lächelt schon wieder. Als Mama sich zu ihnen setzt, krabbelt er schnell auf ihren Schoß.

Und nun sitzen sie zu viert und lauschen und müssen gar nichts weiter sagen.
Irgendwann schlägt Mama vor: »Wollen wir Sarah nicht nachher in den Gottesdienst begleiten? Und danach ein Picknick im Garten machen?«
»Picknick ist gut«, meint Papa.
»Picknick!«, ruft Flo.
Ja, Picknick ist gut. Aber erst mal ist es gut, still zu sein und einfach mal nichts zu machen. Eben Sonntagsruhe zu halten.

Pauline Besserwisserin

Im Kommunionunterricht sprechen sie über die Zehn Gebote.

»Ich weiß was!«, ruft Pauline und meldet sich sofort.

Pauline ist eine gute Schülerin, nicht nur in der Schule. Sie hat die Zehn Gebote auswendig gelernt, wie Pfarrer Helm es ihnen aufgegeben hat.

Während Emily nach zwei Sätzen anfängt zu stottern und Marvin gleich gar nichts weiß, kann sie die Gebote nur so herunterschnurren.
»Erstes Gebot: Ich bin der Herr, dein Gott, du sollst keine anderen Götter neben mir haben. Zweites Gebot: Du sollst den Namen Gottes nicht missbrauchen. Drittes Gebot: Du sollst den Feiertag heiligen.«
Und Pauline kann die Gebote nicht nur aufsagen, sie hat auch nachgelesen, was sie bedeuten. »Das erste Gebot heißt, man soll niemand anderen anbeten. Nicht den Fernseher oder den Fußballtrainer, so wie Marvin, der nur noch nachplappert, was der ihm vorplappert.«
Alle lachen, nur Marvin nicht.
»Und fluchen soll man auch nicht, sagt das zweite Gebot. Nicht ›Gott verdammt‹ sagen, so wie Fabi immer.«
Wieder Gelächter, diesmal etwas leiser.
»Und man soll den Feiertag, also auch den Sonntag, heiligen.«
»Was das heißt, wissen wir schon«, fährt Sarah schnell dazwischen.
Pauline zählt weiter auf: »Viertes Gebot: Du sollst

deinen Vater und deine Mutter ehren. Also nicht dauernd über seine Mama meckern wie Emily.«

»Blöde Kuh«, zischt Emily.

Unbeirrt fährt Pauline fort: »Fünftes Gebot: Du sollst nicht töten. Sechstes Gebot: Du sollst nicht ehebrechen. Siebtes Gebot: Du sollst nicht stehlen.« Pauline unterbricht sich und überlegt.

»Wenn man sich was ausleiht, ohne zu fragen, ist das auch stehlen?«

»Wer macht denn so was?«, faucht Emily.

»Sarah hat das gemacht. Bei dir. Ich hab's gesehen. Sie hat sich eine von deinen Füllerpatronen genommen, ohne dir was zu sagen.«

»Warum sagst du so was?«, fragt Sarah leise. »Es stimmt, ich hab Emily erst später davon erzählt. Als ich selbst wieder Patronen hatte. Da hab ich sie ihr nämlich zurückgegeben.«

»Na also!«, verteidigt sich Pauline lahm. »Oder ist einfach nehmen, ohne zu fragen, nicht auch stehlen? Egal, ob man's hinterher zugibt oder nicht?«

Emily ist aufgesprungen und baut sich nun vor Pauline auf, die Hände in die Hüften gestemmt. »Achtes Gebot: Du sollst kein falsches Zeugnis reden wider deinen Nächsten«, zitiert sie.

Pauline wird glühend rot. Die letzten beiden Gebote sagt Janis auf: »Neuntes Gebot: Du sollst nicht begehren deines Nächsten Frau. Zehntes Gebot: Du sollst nicht begehren deines Nächsten Hab und Gut.«

Pfarrer Helm hat aufmerksam zugehört, ohne das erhitzte Gespräch zu unterbrechen. Dann sagt er: »Das habt ihr alles ganz richtig aufgeführt. Ich möchte euch aber noch einen Satz aus der Bibel zitieren, den Jesus gesagt hat: Wer ohne Sünde ist,

werfe den ersten Stein. Fällt euch dazu noch etwas ein?«

Einen Moment herrscht Schweigen. Dann geht Paulines Arm erneut nach oben, ein bisschen zögerlich diesmal.

»Ja, Pauline?« Pfarrer Helm schaut sie aufmunternd an.

»Das bedeutet, man soll immer daran denken, dass man selbst auch was falsch macht und nicht nur die anderen.«

Der neue Ball

»Guckt mal, guckt mal!« Vanessa tanzt mit ihren neuen Ballettschuhen durchs Wohnzimmer. Marvin schnaubt. Typisch Mädchen, rosa und Ballett. Er kickt seinen neuen Fußball lässig mit der Fußspitze hoch. »Guckt mal, guckt mal«, äfft er seine Schwester nach.

»Marvin, hör auf, die Möbel!«, schreit Mama. Es ist doch immer dasselbe. Marvin verdreht die Au-

gen und klemmt sich den Ball unter den Arm.
»Darf ich dann wenigstens raus?«
»Wir wollen gleich Kaffee trinken. Oma und Opa müssen in ein paar Minuten da sein.«
»Lass ihn doch«, springt Papa Marvin bei. »Er muss doch mal sein Geburtstagsgeschenk ausprobieren dürfen.«
Eben. Und in der Wohnung kann man vielleicht auf so blöden neuen Schühchen herumtanzen, aber nicht mit einem tollen neuen Fußball spielen.
»Bis später!«, ruft Marvin und rennt nach draußen.
Draußen ist Janis. Das hat er sich schon gedacht. Janis ist immer draußen, bei jedem Wetter, und kickt mit irgendwelchen Uraltbällen. Der wird Augen machen!
»Janis!«, brüllt Marvin und schwenkt seinen Ball.
Er hat recht, Janis macht Augen. Und was für welche. Riesengroße, wie Suppenteller.
»Boah«, bringt er nur heraus und befühlt ehrfürchtig das Leder.
»Zum Geburtstag bekommen«, sagt Marvin stolz.
»Lass uns deinen Ball richtig einweihen. An den Niddawiesen«, schlägt Janis vor.
Marvin zögert. Die Niddawiesen sind toll. Nicht so

holprig wie hier zwischen den Häusern, sondern das beste Gras, das man sich zum Kicken vorstellen kann. »Ich muss aber bald zurück«, sagt Marvin. »Oma und Opa kommen nachher und wir essen Kuchen zusammen.«

»Nur ein bisschen. Ist doch nicht weit. Komm schon«, bettelt Janis.

»Okay, ein Spiel. Wer als Erster fünf Tore hat«, gibt Marvin schließlich nach. Im Grunde möchte er ja auch nichts lieber, als seinen Ball würdig einweihen.

An den Niddawiesen ist das Gras frisch gemäht, umso besser. Auf dem Weg nebenan sind Fahrradfahrer unterwegs, und ein paar Meter weiter fließt der Fluss vorbei.

Sie legen ihre Jacken ins Gras. Das soll das Tor sein. »Du hast Anstoß«, sagt Janis. Natürlich lässt er Marvin den Vortritt, weil es sein Ball ist. Janis ist eben ein toller Freund.

Marvin spielt an, und dann rennen sie los, ackern und kämpfen um den Ball. Marvin zirkelt ihn genau zwischen den beiden Jacken hindurch. »Tor!«, jubelt er.

Dieser Ball ist einfach große Klasse. Dann erobert

Janis den Ball. Er kämpft verbissen, lässt ihn sich nicht wieder abnehmen. Voller Wucht tritt er zu und befördert den Ball in hohem Bogen – in den Fluss. Die Strömung reißt ihn mit sich.

»Nein!«, stößt Janis hervor.

»Wir müssen ihn rausholen!«, schreit Marvin völlig panisch.

Leichter gesagt als getan. Der Ball schaukelt auf den Wellen. Der Wind ist stark, und die Strömung noch stärker, denn der Fluss hat Hochwasser.

»Komm, wir laufen hinterher«, keucht Marvin.

»Der Ball wird bestimmt irgendwo ans Ufer getrieben.«
Sie rennen neben dem Ball her. Manchmal trudelt er ein wenig aufs Ufer zu. Aber jedes Mal, wenn Marvin schon hofft, dreht der Ball wieder ab.
»Ich muss ins Wasser springen«, sagt Marvin verzweifelt. »Sonst krieg ich ihn nicht.«
»Bist du verrückt?«, ruft Janis.
»Aber ich kann schwimmen. Ich hab das Schwimmabzeichen, sogar in Silber.« Marvin stellt sich ans Ufer. War der Fluss schon immer so breit? War er schon immer so reißend? Dieser Mistregen der vergangenen Wochen, der hat ihn so anschwellen lassen.
Janis zerrt ihn vom Ufer weg. »Hör auf damit. Da gibt's Strudel und Unterwasserströmungen, da nutzt dir dein Schwimmabzeichen nichts. Du willst doch nicht wegen deines Balls ertrinken.«
Einen Moment ist sich Marvin da gar nicht so sicher. Der Ball schaukelt weiter, wird kleiner und kleiner, nur noch ein Pünktchen am Horizont, dann ist er ganz verschwunden.
»Lass uns zurückgehen«, sagt Janis.
Marvin schaut ihn an. »Du bist schuld.«

Janis antwortet nicht.
»Du bist schuld! Du wolltest an die Niddawiesen. Wenn wir zwischen den Häusern gespielt hätten, wär das nicht passiert.«
Janis lässt den Kopf hängen und sagt immer noch nichts. Marvin platzt gleich. Er hat das Gefühl, er muss heulen oder schreien oder herumtoben oder alles auf einmal.
»Das verzeih ich dir nie! Mit dir rede ich nie mehr!«, brüllt er. Dann dreht er sich um und rennt nach Hause.
Zu Hause sagt er nicht mal Oma und Opa »Guten Tag«. Er stürmt gleich in sein Zimmer und knallt die Tür hinter sich zu. Mama geht ihm nach und will wissen, was los ist, aber er vergräbt den Kopf in seinem Kissen und sagt kein Wort.
Später klingelt es an der Tür. Marvin hört Stimmen. Das ist Janis! Er springt auf, rennt zur Zimmertür und schließt ab. Von Janis will er nichts mehr wissen. Nie mehr!
Mama klopft an die Tür. »Janis hat mir erzählt, was passiert ist. Es tut ihm so leid. Machst du auf?«
Aber Marvin will nicht. Später versucht es Papa. Dann Vanessa. Aber Marvin will nicht.

Erst am nächsten Morgen kommt er wieder aus seinem Zimmer. Er muss ja in die Schule. Mama ist total lieb zu ihm. Sie hat ihm ausnahmsweise das Müsli mit den Schokostückchen hingestellt, das es sonst nur sonntags gibt. Und überhaupt benimmt sie sich, als sei er krank. Sie schleicht auf Zehenspitzen um ihn herum und flüstert.

»Überleg es dir noch mal mit Janis«, sagt sie, als Marvin und Vanessa aus dem Haus gehen.

»Wenn er gewusst hätte, was passiert, hätte er das doch nicht vorgeschlagen.«

»Hat er aber«, erwidert Marvin und stampft davon.

»Und du hast einfach mitgemacht«, bemerkt Vanessa.

Marvin geht schneller. Diese ganzen klugen Sprüche will er nicht hören. Vanessa hat gut reden! Was würde die wohl sagen, wenn ihre Freundin Pauline ihre neuen Ballettschuhe im Fluss versenkt hätte? Einen Tobsuchtsanfall würde sie kriegen, garantiert.

Als er auf dem Pausenhof ankommt, sieht er aus den Augenwinkeln, dass Janis ein paar zögerliche Schritte auf ihn zugeht. Aber Marvin dreht sich weg.

Was nun folgt, ist der schrecklichste Tag in seinem Leben. Er ist sogar noch schrecklicher als der Tag gestern, wo der Ball in den Fluss geflogen ist. Denn ständig muss er Janis aus dem Weg gehen. Ständig muss er ein finsteres Gesicht machen. Ständig muss er diesen Klumpen im Magen spüren, der so wehtut.
Ein paar Mal will er sogar zu Janis gehen und ihm sein Herz ausschütten, wie mies es ihm geht. Aber dann fällt ihm ein, dass Janis ja daran schuld ist. Und dass er ihm nie wieder was erzählen wird.
Und dann haben sie am Nachmittag auch noch Kommunionunterricht. Da sieht er Janis schon wieder. Langsam hält er das nicht mehr aus! Mit seinen Gedanken ist er ganz woanders und er hört kaum zu, was Pfarrer Helm heute zu ihnen sagt. Zum Glück wiederholen sie noch mal das Vaterunser, das kann er sogar auswendig:

Vater unser im Himmel.
Geheiligt werde dein Name.
Dein Reich komme.
Dein Wille geschehe,
wie im Himmel, so auf Erden.

Unser tägliches Brot gib uns heute.
Und vergib uns unsere Schuld,
wie auch wir vergeben unsern Schuldigern.
Und führe uns nicht in Versuchung,
sondern erlöse uns von dem Bösen.
Denn dein ist das Reich
und die Kraft und die Herrlichkeit in Ewigkeit.
Amen.

»Und vergib uns unsere Schuld«, wiederholt Marvin in Gedanken, »wie auch wir vergeben unseren Schuldigern.« Schuld vergeben. Verzeihen. Und wenn er Janis verzeiht? Er hält es doch gar nicht mehr aus, nicht mit Janis zu reden. Kaum ist die Stunde zu Ende, geht Marvin auf Janis zu und es bricht aus ihm heraus: »Okay, die Idee mit den Niddawiesen war echt blöd von dir. Aber ich hab ja freiwillig mitgemacht. Und ich glaub dir, dass dir das mit dem Fußball leid tut. Können wir wieder Freunde sein?«

So, jetzt ist es raus.

Und auf einmal löst sich dieser Klumpen in seinem Magen, und es geht ihm viel besser. Er hat zwar keinen Ball mehr, aber er hat wieder einen Freund.

Geheimnisvolle Briefe

Im Kommunionunterricht sprechen sie seit einiger Zeit über Gleichnisse. Daniel findet das total spannend. Kaum ist er zu Hause zur Tür hinein, sprudelt er auch schon los: »Heute haben wir zusammen das Gleichnis vom verlorenen Sohn gelesen. Da hat ein Vater zwei Söhne, denen er sein ganzes Vermögen gibt. Der eine bleibt zu Hause und ist brav und fleißig, der andere zieht hinaus in die

Welt und verschwendet alles. Aber als er reumütig zurückkommt, schimpft der Vater nicht etwa und scheucht ihn weg, sondern freut sich riesig und feiert sogar ein Fest für ihn. Für den Fleißigen hat er das nie gemacht. Ist das nicht gemein? Aber Pfarrer Helm meint, wir müssten das anders sehen. Gott freut sich nämlich auch über jeden, der sich besinnt und zu ihm findet.«

Daniel holt tief Luft. Mama schaut ihn abwesend an und dreht dabei einen Briefumschlag in den Händen.

Da ist es wieder. Mama hat ihm gar nicht zugehört. So geht das schon die ganze Zeit. Daniel kann gar nicht so genau sagen, was es ist, aber seit ein paar Tagen sind die Eltern komisch. Da liegt irgendetwas in der Luft. Es herrscht so eine ganz seltsame und beklommene Atmosphäre. Oft flüstern die Eltern miteinander. Manchmal, wenn sie denken, er bekommt es nicht mit, streiten sie auch. Oder sie sitzen einfach nur da, starren vor sich hin und schweigen. Unheimlich ist das.

»Nie hörst du mir zu«, beschwert sich Daniel.

Mama schiebt hastig ihre Hände mit dem Briefumschlag unter den Küchentisch. »Doch, doch, ich

habe dir zugehört. Du hast vom Kommunionunterricht erzählt.«
»Und was habe ich erzählt?«
»Worüber ihr heute gesprochen habt.«
»Und worüber haben wir gesprochen?«
Mama schweigt.
»Siehst du! Nie hörst du zu.« Der Umschlag unter dem Tisch knistert.
»Was hast du da?«, will Daniel wissen.
»Nichts«, erwidert Mama abwehrend.
»Warum versteckst du das?«
»Ich verstecke doch nichts.« Mama lacht seltsam. »Das ist nur Werbung, die im Briefkasten lag, sonst nichts.«
Aber Daniel weiß es besser. Das kann keine Werbung sein. Werbung ist meistens bunt. Das unter dem Tisch ist ein normaler Brief, weiß und mit einer richtigen Adresse, sogar von Hand geschrieben.
»Ich weiß es sowieso«, stößt Daniel hervor. »Du lügst mich an und ich weiß auch warum. Ihr lasst euch scheiden!«
»Daniel!« Mama sieht richtig erschrocken aus. »Wie kommst du denn auf so einen Unsinn?«
»Papa war schon mal verheiratet, das habt ihr mir

erzählt. Er hat sich scheiden lassen. Und jetzt lässt er sich von dir scheiden. Deswegen seid ihr auch so komisch! Was er einmal gemacht hat, kann er ja wieder machen. Und der Brief, den du da versteckst«, Daniel zeigt auf Mamas Hände, die unter dem Tisch zittern, »der ist von seiner Freundin.«
Mama ist sprachlos.
Am Abend kommt Papa wieder sehr spät nach Hause. Wie so oft hat er Überstunden gemacht. Papa macht dauernd Überstunden. Mit einem Blick auf Daniel zieht Mama ihn gleich in die Küche und macht nachdrücklich die Tür hinter sich zu. Daniel setzt sich vor den Fernseher und stellt ihn extra laut. Er will dieses Geflüster und Getuschel nicht hören.
Nie mehr.
Papas Ausruf »Was?« und Mamas »Du musst es ihm endlich sagen!« dringen trotzdem bis zu ihm. Danach öffnet sich die Tür wieder. Papa und Mama kommen aus der Küche und bauen sich direkt vor Daniel auf.
»Mach bitte den Fernseher aus«, sagt Mama. Widerwillig stellt Daniel ihn leiser.
»Aus«, wiederholt Papa.

Daniel rührt sich nicht. Papa greift zur Fernbedienung und drückt den Aus-Knopf. Es wird still. Papa richtet sich auf, drückt den Rücken durch, strafft die Schultern.

Jetzt kommt es. Aufmunternd fasst Mama nach Papas Hand. Wieso das denn? Er lässt sich doch scheiden von ihr.

»Wir müssen dir was sagen«, beginnt Papa.

Soll Daniel sich die Ohren zuhalten?

»Du hast einen Bruder.«

Wie bitte? Hat er das gerade richtig verstanden?

»Du weißt ja, dass ich schon einmal verheiratet war«, fährt Papa fort. Und dann erklärt er alles: Dass er mit seiner ersten Frau auch einen Sohn hat. Dass diese Frau nach der Trennung wahnsinnig wütend auf Papa war und deswegen nicht wollte, dass er den Sohn je wiedersieht. Dass sie weit weggezogen ist. Dass sie nicht ans Telefon ging und Papas Briefe zurückgeschickt hat. Dass Papa irgendwann aufgegeben hat.

»Wahrscheinlich zu früh«, gibt Papa zu. »Ich hätte mich mehr bemühen müssen, dann wäre es mit der Zeit schon geworden. Aber so haben wir uns aus den Augen verloren, mein Sohn und ich.«

Daniel schwirrt der Kopf. Irgendwie kann er sich das gar nicht so richtig vorstellen. Wie kann man denn ein Kind aus den Augen verlieren? »Und jetzt?«, fragt er.
Papa und Mama wechseln einen Blick. »Jetzt ist er wieder da. Er ist mittlerweile erwachsen, schon zwanzig Jahre alt, und jetzt will er seinen Vater kennenlernen. Er hat selbst den Kontakt gesucht und mir geschrieben.«
Dann war also der Brief, den Mama heute Mittag unter dem Küchentisch versteckt hat, von ihm.
»Wir wussten nicht, wie wir es dir sagen sollten«, erklärt Papa. »Und zuerst wussten wir auch nicht, wie wir uns richtig verhalten sollen. Aber jetzt habe ich mir Urlaub genommen. Damit ich meinen Sohn richtig kennenlernen kann, werden Philipp und ich ein paar Tage zusammen wegfahren.«
Daniel erstarrt. Aber ich bin auch dein Sohn, will er losbrüllen. Und: Für mich hast du nie Zeit. Dauernd musst du arbeiten. Und wenn du doch mal zu Hause bist, dann hängst du müde vor dem Fernseher. Aber für diesen blöden ersten Sohn nimmst du dir sogar Urlaub! Doch dann macht es *klick* in

seinem Kopf und auf einmal hört er Pfarrer Helm sagen: »Das mit dem Gleichnis vom verlorenen Sohn müsst ihr anders sehen …«

Papa hat diesen Philipp ja eigentlich auch verloren. Und nun freut er sich natürlich, ihn nach der langen Zeit wiederzusehen. Der Urlaub ist sozusagen das Fest, das er für ihn feiert.

Trotzdem liegt es wie ein Stein auf Daniels Seele. Kann Papa nicht für seine beiden Söhne Zeit haben?

Am nächsten Tag klingelt es. Wie immer geht Daniel neugierig zur Tür und reißt sie auf. Vor ihm steht ein junger Mann. Den hat er garantiert noch nie gesehen, aber trotzdem kommt er ihm irgendwie bekannt vor.

»Hallo, ich bin Philipp«, begrüßt ihn der junge Mann. »Und du musst Daniel sein.«

Jetzt weiß er es. Es sind die Augen. Die sehen haargenau so aus wie Papas Augen.

»Hm«, macht Daniel und rührt sich nicht vom Fleck. Soll er Philipp reinlassen? Oder soll er einfach sagen, dass Papa ihn doch nicht sehen will, und die Tür wieder zuwerfen? Dann wäre er ihn ein für alle Mal los, diesen anderen Sohn.

»Kommst du auch zu unserem Kurzurlaub mit?«, fragt Philipp.
So eine blöde Frage. »Ich hab doch Schule.« Philipp schlägt sich an die Stirn. »Na klar! Sorry, daran hab ich gar nicht gedacht. Dann müssen wir das nächste Mal unser Treffen in die Ferien legen, damit du mitkommen kannst. Ich will doch auch meinen kleinen Bruder kennenlernen.«
Es soll noch weitere Treffen geben? Daniel überlegt. Dann gibt er sich einen Ruck und öffnet weit die Tür. »Komm rein.«
Denn eigentlich will er seinen großen Bruder auch kennenlernen.

Eine Überraschung für Pauline

Pauline zappelt ungeduldig auf ihrem Stuhl herum. Wann sind denn nur endlich alle mit Abendessen fertig? Kaum hat Papa den letzten Bissen geschluckt, springt sie auch schon auf.

»Ich geh dann in mein Zimmer.«

»Halt, halt«, mahnt Mama, »erst hilfst du noch beim Tischabdecken.«

Pauline stapelt Teller und Schüsseln aufeinander. Papa sammelt die Gläser ein. »Geh lieber zweimal«, meint er mit Blick auf Paulines wachsenden Geschirrturm. Nein, zweimal hin- und herlaufen, nur um den blöden Tisch abzudecken, das dauert viel zu lange. Pauline schleppt ihre Last in die Küche. Reißt die Spülmaschine auf. Knallt die Teller hinein. Nur schnell fertig werden!

»Was habt ihr denn heute in Mathe aufgehabt?«, fragt Papa hinter ihr. »Zeigst du mir das noch?«

»Bring doch bitte noch das Altglas zum Container«, sagt Mama gleichzeitig. Ewig dauert es, bis die Eltern sie endlich in Ruhe lassen und Pauline in ihr Zimmer kann. Aufatmend lässt sie sich auf ihr Bett fallen. Jetzt. Jetzt kann sie tun, was sie sich schon den ganzen Tag vorgenommen hat. Sie faltet die Hände. »Lieber Gott …« Sie stockt.

Im Kommunionunterricht haben sie übers Beten gesprochen. Pfarrer Helm hat sie auch ermuntert, sich selbst Gebete auszudenken und aufzuschreiben. »Gebete sind Zwiesprache mit Gott«, hat er gesagt. »Man muss sich da für nichts schämen. Man kann mit allem, was einen bewegt, mit seinen Sorgen und Wünschen, zu Gott kommen und sich ihm anvertrauen. Gott hört einem immer zu. Gott hilft einem.«

Und das will Pauline jetzt ausprobieren. Denn sie hat Sorgen und Wünsche. Große Sorgen und einen großen Wunsch. Sie wünscht sich ein Pony. Schon lange. Das ist der große Wunsch. Aber Papa und Mama sagen immer nur, das geht nicht, das sei zu teuer und überhaupt. Tausendundein Grund fällt ihnen dagegen ein. Das sind Paulines große Sorgen. Sie schließt die Augen und sammelt sich.

»Lieber Gott«, fängt sie noch einmal an, »ich wünsche mir so sehr ein Pony. Bitte, bitte, erfülle mir diesen Wunsch und überzeuge Papa und Mama, dass sie es mir erlauben.«

Das war doch gut, oder? Pauline öffnet die Augen. Jedenfalls fühlt sie sich jetzt ganz ruhig und zuversichtlich. Pfarrer Helm hat recht. Beten tut gut! Wie sich ihr Wunsch wohl erfüllen wird?

Steht morgen auf einmal ein Pony in ihrem Zimmer? Pauline kichert. Nein, Quatsch, das geht ja wohl nicht. Aber vielleicht kommt Mama nach der Schule zu ihr, mit so einem Funkeln in den Augen, und verkündet: »Überraschung, Pauline …« Oder: »Komm mal mit, ich muss dir was Tolles zeigen.«

Über ihren Gedanken schläft Pauline schließlich ein.
Am nächsten Morgen traut sie sich erst mal kaum, die Augen aufzumachen. Vielleicht steht ja doch ein Pony in ihrem Zimmer?
Nein, so ein Unsinn. Das passt da doch gar nicht richtig rein. Außerdem ist Gott kein Zauberkünstler, der ihr ein Pony einfach so ins Zimmer stellt.
Aber als sie dann aufsteht, schaut Pauline doch erst mal schnell aus dem Fenster, ob draußen im Garten nicht doch vielleicht ein Pony steht. Tut es natürlich nicht.
Beim Frühstück schielt sie immer wieder zu Mama. Die macht ihr übliches müdes Morgengesicht. Papa vergräbt sich hinter der Zeitung und sagt auch nichts von einer Überraschung. Aber der Tag ist ja noch lang.
»Du guckst, als wär was Tolles passiert«, sagt Vanessa in der Schule zu ihr.
»Noch nicht«, antwortet Pauline. Und dann rutscht es ihr heraus: »Vielleicht krieg ich ein Pony.«
Vanessa reißt die Augen auf. »Echt? Wann?«
Tja, wann? Das ist es ja. Pauline weiß nicht, wie lange Gott braucht, um ihr Gebet zu erhören.

Der Mittag verstreicht ereignislos. Mama ist noch gar nicht von der Arbeit zurück. Oder ist sie vielleicht am Stall vorbeigefahren? Nur ein paar Kilometer weiter, am Stadtrand, da gibt es einen, das weiß Pauline. Ein Mädchen aus ihrer Klasse hat dort ein Pferd stehen.

Dann hört sie endlich den Schlüssel. Mama kommt nach Hause. Sie zieht gar nicht erst ihre Jacke und die Schuhe aus. Ihre Augen funkeln. »Pauline, komm mit, ich hab eine Überraschung für dich!«

Pauline kann kaum atmen. Jetzt! Jetzt ist es so weit!

Sie springt ins Auto. Mama steigt ein und fährt los. Aber warum biegt sie rechts ab? Geht es zum Stall nicht nach links?

»Zentrum«, liest Pauline auf einem Straßenschild. Tatsächlich, sie sind auf dem Weg in die Innenstadt. Mama parkt vor einem Modeladen und steigt aus. Was sollen sie bloß hier? Pauline ist so enttäuscht, dass sie sich nicht rühren kann. In einem Modeladen gibt es bestimmt kein Pony zu kaufen.

»Nun steig schon aus«, drängelt Mama. Pauline stolpert hinter ihr her.

»Guten Tag, da sind Sie ja.« Lächelnd stürzt eine Verkäuferin auf sie zu. »Ich bringe es gleich.«
Und was sie bringt, ist – ein Kommunionkleid. Zart cremefarben, mit schöner Spitze am Kragen. Schick, aber nicht zu auffällig, modern, aber nicht abgedreht. Genau ein Kleid, wie es Pauline gefällt.
»Na, was sagst du?« Mama strahlt sie an.
»Hab ich auf dem Weg von der Arbeit im Schaufenster gesehen. Eigentlich wäre es viel zu teuer, aber zum Glück ist es reduziert. Da dachte ich, das ist doch was für unsere Pauline.«
Pauline steht stocksteif.

»Magst du es mal anprobieren?«, fragt die Verkäuferin.
Mit langsamen Bewegungen schlüpft Pauline hinein. Normalerweise würde sie sich wahnsinnig freuen. Aber gerade weiß sie nicht einmal, ob ihr das Kleid gefällt oder nicht.
»Magst du es?«, fragt Mama.
Pauline nickt mechanisch.
»Gut, dann nehmen wir es.« Mama sieht ein bisschen enttäuscht aus, weil Pauline so gar keine Freude zeigt.
An diesem Abend hat Pauline es nicht eilig, in ihr Zimmer zu kommen. Sie betet auch nicht. Gott versteht sie ja sowieso nicht.
»Und?«, fragt Vanessa am nächsten Morgen auf dem Weg zur Schule. »Hast du dein Pony bekommen?«
Pauline sagt nichts.
»Du bist stumm wie ein Fisch«, beschwert sich Vanessa.
»Ich hab ein Kommunionkleid bekommen«, murmelt Pauline.
»Das ist doch toll! Wie sieht es aus? Zeigst du es mir heute Nachmittag?«, bestürmt Vanessa sie.

»Aber ich hab für ein Pony gebetet«, bricht es aus Pauline heraus. »Für ein Kommunionkleid brauch ich doch nicht beten. Das krieg ich sowieso.«
Vanessa schweigt lange. Erst kurz vor der Schule sagt sie wieder was. »Ich glaube, das war kein Gebet, was du gesprochen hast. Das war eine Bestellung.«
Am Abend schleicht Pauline ins Schlafzimmer, wo ihr Kleid bis zur Kommunion im Schrank aufbewahrt wird. Eigentlich sieht es schön aus. Festlich und schön. Wäre es nicht reduziert gewesen, hätte Mama es gar nicht kaufen können.
Sie geht zurück in ihr Zimmer, schaut auf das Töpfchen mit ihrem Senfkorn und faltet die Hände. »Danke«, flüstert sie. »Danke für das Kleid.« Sie schweigt einen Augenblick, dann fügt sie hinzu: »Und das mit dem Pony, das eilt ja nicht.«

Alles ungerecht!

Marvin weiß genau, wann er es gemerkt hat.
Es war in der Schule, im Deutschunterricht, Frau Bohnacker stand vorne an der Tafel, die Uhr zeigte 8.23 Uhr, und Frau Bohnacker fragte: »Wie nennt man es, wenn zwei Menschen sich unterhalten?« Danach nahm sie Vanessa an die Reihe, und die zog ihre Kleinmädchenschnute und meinte: »Weiß ich nicht.«

Frau Bohnacker lächelte, dann nahm sie Marvin dran. Der hob die Schultern, ließ sie wieder fallen und meinte: »Weiß ich nicht.«
Diesmal aber lächelte Frau Bohnacker nicht, sondern rief entnervt: »Das ist ein Dialog. Darüber haben wir gestern gesprochen. Hörst du jemals im Unterricht zu, Marvin?«
Und da wusste er es.
Alle halten immer nur zu Vanessa.
Seit diesem Moment in der Deutschstunde am Dienstag, dem 13. Februar, um 8.23 Uhr achtet er nämlich drauf. Und seitdem merkt er erst, dass es ständig und dauernd passiert. Er wird benachteiligt.
Mama sagt zu ihm: »Bring bitte das Altpapier zur Tonne.« Dabei hat er das beim letzten Mal schon gemacht, und eigentlich wäre jetzt Vanessa dran.
Papa trägt ihm auf: »Hol bitte die Wasserflaschen aus dem Keller.« Das sagt er immer nur zu ihm. Kann Vanessa denn keine Wasserflaschen tragen?
»Marvin, ärger nicht dauernd deine Schwester!«, ruft Mama, wenn er und Vanessa streiten. Dabei hat Vanessa angefangen. Doch Mama geht automatisch davon aus, dass nur Marvin seine Schwester ärgert, aber nie Vanessa ihren Bruder.

Und in der Schule, das hat ja schon Frau Bohnacker bewiesen, ist es erst recht so. Als Junge ist man da verloren. Für alles, was schiefgeht, bekommt man die Schuld. Fällt der Milchkasten herunter, heißt es: »Marvin, kannst du nicht aufpassen?« Dabei hat er ihn mit Vanessa zusammen getragen. Wird irgendwo getuschelt oder rumort, geht der Blick der Lehrer zuerst zu den Jungen.

Mädchen haben es besser. Vanessa sowieso.

»Ich will auch einen Schokoriegel«, schreit Marvin deshalb, wenn Mama die Packung aus dem Schrank holt.

»Ich will auch«, schreit Marvin, wenn Papa ein paar schöne bunte Stifte vom Einkaufen mitgebracht hat. Und wenn es leckeres Brathähnchen gibt, streitet er mit Vanessa, wer den größeren Schlegel bekommt.

»Du benimmst dich schlimmer als ein Kleinkind in der Trotzphase«, stöhnt Mama. Ist das ein Wunder, wenn er dauernd um sein Recht kämpfen muss? Von selbst kommt er ja zu nichts.

Als er eines Tages nach einem Streit mit Mama an Vanessas Zimmertür vorbeistampft, sieht er, dass Vanessa in der Bibel liest. Na klar, die Streberin macht Hausaufgaben für den Kommunionunterricht. Typisch.

»Hast du doch gar nicht nötig, die Lernerei. Du darfst ja eh machen, was du willst«, höhnt er. Vanessa hebt den Blick von der Bibel. »Was meckerst du mich jetzt auch noch an?«

»Wieso, wer meckert dich denn an?« Wider Willen neugierig geworden, geht Marvin in ihr Zimmer. »Was machst du da überhaupt?«

Vanessa zeigt auf eine Textstelle. »Ich versuche, mich zu beruhigen.«

Wieso muss ausgerechnet Vanessa sich beruhigen?

Da fährt sie schon fort: »Das ist alles so nervig! Vanessa dies, Vanessa das … dauernd muss ich beim Abspülen helfen und Geschirr abräumen. Und in der Schule, wenn keiner was weiß, komme immer ich als Erste dran. Ist dir das schon mal aufgefallen?«

Nein, eigentlich nicht. Aber wenn sie das so sagt … doch, da ist was dran. An diesem besonderen Dienstag, dem 13. Februar, um 8.23 Uhr, da hat Frau Bohnacker auch als Erstes Vanessa drangenommen.

»Und alle denken, weil ich ein Mädchen bin, kann ich nichts. Ich kann nichts tragen, ich bin nicht stark, ich kann keinen Fahrradreifen flicken … Das ist so blöd! Und Mathe kann ich natürlich erst recht nicht.«

»Hm.« Marvin runzelt nachdenklich die Stirn. Irgendwie kommt ihm das alles bekannt vor. Das hätte er nicht gedacht, dass es ihr ganz ähnlich geht wie ihm. Wo er doch der Meinung war, Vanessa führe ein Leben wie im Schlaraffenland.

»Und was hat das alles mit der Bibel zu tun?«, fragt er.

»Als ich mich gerade so geärgert hab, ist mir dieser Psalm eingefallen, den uns Pfarrer Helm neulich vorgelesen hat.« Vanessa hebt die Stimme:

»Der Herr ist mein Hirte, nichts wird mir fehlen.

Er lässt mich lagern auf grünen Auen und führt mich zum Ruheplatz am Wasser.

Meine Lebenskraft bringt er zurück. Er führt mich auf Pfaden der Gerechtigkeit, getreu seinem Namen.

Auch wenn ich gehe im finsteren Tal, ich fürchte kein Unheil; denn du bist bei mir, dein Stock und dein Stab, sie trösten mich. Du deckst mir den

Tisch vor den Augen meiner Feinde. Du hast mein Haupt mit Öl gesalbt, übervoll ist mein Becher. Lauter Güte und Huld werden mir folgen mein Leben lang und im Haus des Herrn darf ich wohnen für lange Zeit.«

Marvin hört andächtig zu. Der Herr ist mein Hirte, nichts wird mir fehlen … Das stimmt irgendwie. So wirklich mangelt es ihm eigentlich an nichts.

Klar, manchmal ist Frau Bohnacker ungerecht. Aber war es neulich gerecht, schon wieder Vanessa zuerst dranzunehmen?

Und Mama, die ihn immer mit dem Altpapier nervt, und Papa, der ihn immer mit den Flaschen quält, die sind auch nicht immer gerecht. Aber nicht nur ihm gegenüber. Auch in Bezug auf Vanessa. Das muss er schon zugeben.

Und eigentlich sind das alles nur Kleinigkeiten. Denn die wichtigen Sachen, die stimmen. Er kann sich immer satt essen und bekommt sogar noch einen Nachtisch. Er ist gesund. Papa und Mama sind immer für ihn da. Vanessa ist in Ordnung. Doch, ja, auch wenn sie manchmal zickig ist, so insgesamt gesehen ist sie tatsächlich in Ordnung.

Als Mama am Abend den Kühlschrank öffnet, um

noch den Nachtisch herauszuholen, schreit Marvin ausnahmsweise nicht: »Ich will auch!« Sondern er schaut Vanessa an: »Willst du auch?«
Und die nickt und grinst ein bisschen – natürlich ist genug Schokopudding für sie beide da.

Emilys Küchendienst

Emily rast durch ihr Zimmer und wirft Klamotten, Kulturbeutel und Bücher in ihre Reisetasche. Manches landet auch daneben.

»Mama, hast du mein T-Shirt gewaschen? Mama, wo ist meine helle Jeans?«

»Bin ich froh, wenn ihr endlich losgefahren seid«, seufzt Mama mit Blick auf das Chaos.

Emily ist auch froh, als sie endlich aufbrechen.

Denn heute beginnt die Kommunionfreizeit! Ein ganzes Wochenende fahren sie mit der Gruppe, Pfarrer Helm und der Pastoralreferentin Frau Rolfes in ein Freizeitheim der Kirche. Dort werden sie zusammen singen, beten und sich Bibelgeschichten erzählen, sie werden über den Ablauf der Kommunionmesse sprechen und auch zusammen Spiele machen.

Zum Freizeitheim fahren sie mit einem großen Bus. Emily sitzt neben Sarah. Pfarrer Helm sitzt vorne neben dem Busfahrer. »Wir machen jetzt ein Singspiel«, verkündet er über das Mikrofon. Jeder darf sich ein Lied überlegen. Dann singt er mit »La, la, la« die ersten Takte vor und die anderen müssen raten, welches Lied das ist.

»Es kommt ein Schiff geladen«, wählt Pauline aus.

»Halleluja«, summt Janis. Das dirigiert Pfarrer Helm daraufhin gleich als Kanon. So haben sie viel Spaß, und die Fahrt vergeht wie im Flug. Als der Bus anhält und die Türen sich öffnen, drängeln alle nach draußen und greifen nach ihren Koffern und Taschen.

»Hältst du mir einen Platz in deinem Zimmer frei?«, fragt Sarah. Sie muss noch warten, denn ihr

Koffer steckt in der hintersten Ecke des Buskofferraums.

»Ja, klar«, antwortet Emily. Sie sind insgesamt sechs Mädchen, da werden sie bestimmt in ein Zimmer kommen.

»Hey, Emily, kommst du zu uns?«, ruft Vanessa ihr zu. Emily folgt ihr und Pauline in ein großes Zimmer. Nanu, hier gibt es ja gar keine Stockbetten. Sie hat sich das wie in der Jugendherberge vorgestellt, wo sie schon mal mit ihrer Klasse war.

»Das ist meins«, sagt Vanessa und wirft ihren Koffer auf das Bett am Fenster.

»Und das meins.« Schnell wirft Pauline ihre Tasche auf das Bett daneben.

»Und das meins.« Emily wuchtet ihre Reisetasche auf das dritte Bett. Mannomann, ist die schwer. Sie hätte vielleicht doch nicht so viel einpacken sollen.

»Und wo soll ich hin?«, ertönt eine piepsige Stimme. Sarah steht in der Tür und schaut sich ratlos um.

»Na, hier …«, will Emily sagen, aber dann stockt sie. Es gibt nämlich gar kein viertes Bett in diesem Zimmer. Alle Betten sind bereits belegt.

»Nebenan sind Lea und Jenny«, sagt Vanessa. »Bei denen ist bestimmt noch was frei.«

Sarah gibt keinen Ton mehr von sich. Sie schaut nur Emily an. »Du wolltest mir ein Bett frei halten«, sagt ihr Blick. »Du hast es mir versprochen.« Dann dreht sie sich um und geht. Die Tür knallt hinter ihr zu.

»Menno«, knurrt Vanessa. »Hat die schlechte Laune oder was?«

Stumm packt Emily ihre Sachen aus. Irgendwie ist das schiefgelaufen. Sie wollte doch ein Bett frei halten. Aber wenn es gar nicht genug Betten gibt, was soll sie da machen? Vanessa und Pauline waren schon vor ihr im Zimmer. Und die kriegt man sowieso nicht auseinander, die sind dicke Freundinnen. Nichts kann sie trennen. Und sie und Sarah? Sind sie etwa keine dicken Freundinnen?

Nach dem Auspacken treffen sie sich im Essensraum. Die Tische sind bereits fürs Abendessen gedeckt und alle schielen hungrig auf die leckeren Platten mit Wurst, Käse und frischem Obst. Emily kommt als Letzte zur Tür hinein. Sie weiß nicht, wie sie sich verhalten soll. Sie schaut Sarah an, aber die dreht den Kopf weg. Jetzt hat sie wieder dieses Gesicht, das sie in der ersten Kommunionstunde hatte. Finster und unnahbar. Sie denkt, alle sind blöd und gemein zu ihr. Sie denkt, ihre Freundin hat sie im Stich gelassen.

Pfarrer Helm erklärt ihnen den Ablauf des gemeinsamen Wochenendes. Emily hört gar nicht richtig zu. Alles rauscht an ihr vorbei. Wie kann sie das mit Sarah nur wieder gutmachen?

»Mensch, hab ich einen Hunger«, murmelt Fabi.

»Und nun lasst uns für das Essen danken«, sagt Pfarrer Helm in diesem Augenblick. Er spricht ein Gebet, dann wünscht er »Guten Appetit« in die Runde.

»Endlich!« Fabi springt auf und stürzt sich auf die Käseplatte.

Pauline hält Emily den Brotkorb unter die Nase. »Willst du?«

Emily nickt und greift zu. Eigentlich will sie nicht. Aber irgendwas essen muss sie ja. Auch wenn es wie Stroh schmeckt und sie kaum einen Bissen herunterbringt.

Sie mümmelt immer noch an ihrem Brötchen herum, als die anderen bereits anfangen, den Tisch abzuräumen.

»Sarah und Marvin haben heute Abend Küchendienst«, verkündet Frau Rolfes. Marvin verdreht die Augen. Vanessa kichert.
»Ausgerechnet Marvin«, flüstert sie Emily zu.
»Zu Hause drückt der sich so gern.«
»Ausgerechnet Marvin«, denkt Emily, »ja, aber auch ausgerechnet Sarah. Für die kommt es heute wirklich knüppeldick.«
Sie springt auf. »Ich melde mich freiwillig«, ruft sie. »Ich übernehme den Küchendienst für Sarah, und sowieso, ich mach ihn das ganze Wochenende.«
Die anderen starren sie ungläubig an. »Wie kann man sich nur freiwillig zur Arbeit melden«, hört sie Fabi murmeln.
»Bist du dir sicher?«, fragt Pfarrer Helm.
Emily nickt. Oh ja, sie ist sich sicher. Der Küchendienst ist sozusagen ihr Wiedergutmach-Geschenk für Sarah, denn es tut ihr wirklich leid, dass das vorhin mit den Betten schiefgelaufen ist.
»Gut«, beschließt Pfarrer Helm, ohne weiter nachzufragen. Aber er sieht aus, als würde er ahnen, dass Emily einen besonderen Grund für ihr Angebot hat. »Dann machst du jetzt mit Marvin zusam-

men den Küchendienst, während die anderen noch eine halbe Stunde frei haben. Und nachher treffen wir uns alle im Kaminzimmer.«

Während die anderen hinausrennen und auf der Wiese vor dem Haus noch eine Runde Fangen spielen, fährt Emily den Wagen mit dem schmutzigen Geschirr in die Küche und beginnt, die Spülmaschine einzuräumen. Neben ihr klappert es.

»Pass auf, Marvin, nicht die Teller zerschmeißen«, mahnt Emily.

»Geht klar«, antwortet eine helle Stimme. Die klingt nicht wie Marvins Stimme, ganz und gar nicht.

Emily richtet sich auf. Neben ihr steht Sarah mit Geschirr in der Hand.

»Du hast heute frei«, sprudelt Emily hervor. »Ich hab deinen Dienst übernommen. Und überhaupt, wo ist Marvin?«

»Ich hab seinen Dienst übernommen«, erwidert Sarah. »Ich wollte das mit dir zusammen machen.« Und zum ersten Mal an diesem Tag huscht ein Lächeln über ihr Gesicht.

So viel Geld!

Nach dem Frühstück versammeln sich alle im Gruppenraum. Pfarrer Helm erklärt ihnen den Ablauf der Kommunionmesse. Nur noch vier Wochen, dann ist es so weit! Erst feiern sie an Ostern die Auferstehung von Jesus und danach ist auch schon der Weiße Sonntag.

Jeder soll eine kleine Aufgabe übernehmen. Vanessa wird einen Psalm lesen, Marvin ein Gebet sprechen, Emily die Lieder ansagen. Und jeder soll sich eine Fürbitte ausdenken.

»Am Schluss sammeln Fabi und Pauline zusammen mit dem Pfarrgemeinderat die Kollekte ein«, beendet Pfarrer Helm seine Rede.

»Wofür ist denn die Kollekte?«, will Fabi wissen.

Pfarrer Helm und Frau Rolfes wechseln einen Blick.

»Das ist euch überlassen.«

»Wie?« Pauline versteht überhaupt nichts.

»Ihr dürft selbst festlegen, wofür die Geldspende gesammelt wird.«

Fabi lacht ein bisschen hysterisch. »Dann kann ich sie ja auch selbst einsacken.«

Alle schauen zu Pfarrer Helm. Der antwortet ganz ruhig: »Wenn alle dafür sind, kannst du das machen. Das bestimmt ihr als Gruppe.« Er erhebt sich. »Damit ihr euch ungestört besprechen könnt, lass ich euch jetzt allein.« Er dreht sich um und verlässt den Raum. Frau Rolfes folgt ihm. Einen Moment herrscht verblüffte Stille. Dann platzt Fabi heraus: »Und, wer ist nun dafür, dass ich die Kollekte kriege?« Wieder lacht er albern.

»Ach, hör doch auf mit dem Quatsch«, fährt Emily ihn an.

»Wir müssen die Kollekte schon für was Richtiges sammeln«, fügt Janis hinzu.

»Was ist denn was Richtiges?«
»Na, irgendwas, womit man jemanden unterstützt und ihm was Gutes tut. Die Kollekte im Gottesdienst ist oft für Arme und Kranke oder für Organisationen, die sich um andere Menschen kümmern, die Hilfe brauchen.«
»Ich bin auch arm und krank.« Fabi verdreht die Augen und hängt sich schief auf seinen Stuhl.
Janis gibt ihm einen Rippenstoß, und er setzt sich schnell wieder gerade hin.
Sarah denkt an all die Leute, die zur Kommunionmesse kommen werden. Viel mehr als in einem üblichen Gottesdienst werden es sein. Denn es

kommen die Eltern und die Großeltern und die Paten und die Geschwister, und manche haben noch Freunde und Onkel und Tanten und sonst wen eingeladen … Und dann noch die Mitglieder vom Pfarrgemeinderat und überhaupt viele Menschen aus der Gemeinde … die Kirche wird aus allen Nähten platzen! Und alle, alle werden sie an diesem Sonntag Geld in die Kollekte geben, und bestimmt werden sie viel Geld geben, denn es ist ein besonderer Sonntag.

»So viel Geld«, murmelt Sarah. »Es geht um so viel Geld, das ist irgendwie komisch.« Ja, das ist komisch. Das geht allen so. Aber es ist auch irgendwie berauschend. Dass sie die Macht haben, über so viel Geld zu bestimmen!

»Vielleicht meint Pfarrer Helm das gar nicht ernst«, meint Vanessa nachdenklich. »Vielleicht hat er sich nur einen Spaß mit uns erlaubt.«

Janis schüttelt den Kopf. »Pfarrer Helm macht über so was keine Witze. Er hat das wirklich uns überlassen.«

»Dann ist das nicht nur komisch«, denkt Sarah. »Dann geht es hier nicht nur um Macht. Dann geht es auch um Verantwortung.«

»Wir könnten für die Kommunionfreizeit sammeln«, schlägt Vanessa vor.
»Mann, die ist doch längst vorbei«, erwidert ihr Bruder.
»Na und? Dann sammeln wir eben für die nächste Kommunionfreizeit.«
»Und was haben *wir* davon?«
»Sammeln wir denn, damit *wir* was davon haben? Sammeln wir für uns?«
Die Geschwister funkeln sich an.
»Nee, das ist blöd«, wirft Janis ein.
»Genau, das ist so … egoistisch«, meint Pauline.
Zustimmendes Gemurmel. Aber einen guten Einfall hat trotzdem keiner.
»Ich weiß was«, sagt Fabi plötzlich. »Wir sammeln dafür, dass unser Gruppenraum im Gemeindehaus renoviert wird. Davon redet die Gemeinde doch schon lange und sie hat nie genug Geld dafür. Wenn wir die Kollekte dafür verwenden, dann hat die Gemeinde was davon – und wir auch.«
»Das ist gut«, stimmt Pauline zu. »Das ist nicht so egoistisch.«
»Nur ein bisschen«, murmelt Janis.
»Wir stimmen jetzt ab«, beschließt Marvin. Er

reißt ein großes weißes Blatt aus seinem Ringbuch und teilt es in lauter kleine Zettel. »Jeder schreibt auf seinen Zettel, wofür er ist. Zur Wahl steht die Renovierung. Noch mehr Vorschläge?«
Alle schauen fragend im Kreis herum. Sarah muss plötzlich an die Fotos denken, die bei ihnen zu Hause in einem großen Bilderrahmen in der Küche hängen. Da sind Bilder von ihr und von Flo, als Baby, auf dem Spielplatz, mit Kindergartentasche und Schultüte. Und mittendrin sind auch Fotos von einem Mädchen mit dunkler Haut, dunklen Augen und dunklen Zöpfen. Das ist Samira, Mamas Patenkind, für das sie jeden Monat Geld überweist. Damit Samira genug zu essen und ein Dach über dem Kopf hat. Damit sie leben und lernen, in die Schule gehen und später selbst für sich und ihre Familie sorgen kann.
»Ich weiß was!«, ruft Sarah. »Wir sammeln die Kollekte für ein Patenkind!« Und dann erzählt sie ihnen von Samira. »Wir könnten uns um ein eigenes Patenkind kümmern.«
»Wir sind doch selbst noch Kinder«, wendet Vanessa ein. »Wir dürfen das bestimmt noch gar nicht.«

»Dann geben wir das Geld der Gemeinde, damit die sich darum kümmert.«
»Und wenn das Geld aus der Kollekte weg ist? Das reicht doch nicht ewig.«
»Dann sammeln wir wieder. Wir können unser Taschengeld spenden oder einen Basar veranstalten. Wir können uns immer weiter um das Patenkind kümmern.«
Eine Weile sagt keiner etwas. Schließlich sagt Marvin: »Also gut, wenn sonst keiner Vorschläge hat, dann stimmen wir jetzt ab. Jeder schreibt auf den Zettel, wofür er ist, dann faltet er ihn zusammen und gibt ihn mir.«
So machen sie es. Als Marvin die Zettel auseinanderfaltet und einen nach dem anderen vorliest, ist das Ergebnis einstimmig: Alle sind dafür, dass sie die Kollekte für ein Patenkind sammeln.

Das Geheimversteck im Schrank

Zwischen dem Mittagessen und dem Kommunionunterricht am Nachmittag ist eine Spielpause, in der jeder machen darf, was er mag. Janis spielt am liebsten mit den anderen Jungs auf der Wiese Fußball.

»Gib ab!«, schreit er, wenn Daniel mal wieder zu lang den Ball behält.

»Hier!«, schreit er, wenn er mal wieder alleine steht und keiner das zu sehen scheint.

»Los geht's!«, schreit er, sprintet Richtung Tor, stolpert – und fällt in den Matsch. So ein Mist! Erst rappelt er sich wieder auf und spielt weiter, da kennt er nichts. Aber als Frau Rolfes ihnen zuruft, dass der Kommunionunterricht gleich beginnt, rennt er doch schnell noch zu seinem Zimmer. So verdreckt kann er nicht in den Unterricht gehen. Die Tür ist nur angelehnt. Nanu, warum das denn? Aus dem Zimmer dringt Geraschel.

Janis Schritt stockt. Wer macht sich da an ihren Sachen zu schaffen? Gibt es hier Einbrecher? Klaut da jemand?

Auf Zehenspitzen schleicht Janis zur Tür und linst durch den Spalt.

Im Zimmer hockt Daniel vor dem großen Kleiderschrank, den Rücken zu Janis gedreht, und knistert mit irgendwas.

»Was machst du da?«, fragt Janis und drückt die Tür ganz auf.

Daniel zuckt zusammen und stopft etwas in den Schrank. Hat er da etwa ein Geheimversteck?

»Och, nix«, nuschelt er.

»Wir müssen uns beeilen, der Kommunionunterricht fängt gleich an.« Janis reißt sich die dreckigen

Klamotten herunter und schlüpft in eine saubere Hose und ein sauberes T-Shirt.
»Okay«, murmelt Daniel.
»Also, kommst du nun?«
»Hm.« Aber Daniel rührt sich nicht vom Fleck.
Janis beugt sich vor und schaut ihn genauer an. Daniel sieht irgendwie seltsam aus, fast wie … ja, wie ein Hamster. Mit dicken, geschwollenen Backen.
»Bist du okay?«, fragt Janis. »Hast du was?«
Daniel nickt, dann schüttelt er den Kopf.

Also ist wohl alles okay, übersetzt Janis für sich, aber er hat irgendwas. »Na gut, dann geh ich schon mal.« Mit einem letzten Blick auf Daniel läuft er davon.

Er ist fast der Letzte im Gruppenraum. Nur Daniel fehlt noch. Der kommt kurz nach ihm. Seine Backen sehen jetzt wieder normal aus, nicht mehr so hamstermäßig.

Pfarrer Helm spricht heute mit ihnen über die wundersame Brotvermehrung:

> *Als es Abend wurde, kamen die Jünger zu ihm und sagten: Der Ort ist abgelegen und es ist schon spät geworden. Schick die Leute weg, damit sie in die Dörfer gehen und sich etwas zu essen kaufen. Jesus antwortete: Sie brauchen nicht wegzugehen. Gebt ihr ihnen zu essen! Sie sagten zu ihm: Wir haben nur fünf Brote und zwei Fische hier. Er antwortete: Bringt sie mir her! Dann ordnete er an, die Leute sollten sich ins Gras setzen. Und er nahm die fünf Brote und die zwei Fische, blickte zum Himmel auf, sprach den Lobpreis, brach die Brote und gab sie den Jüngern; die Jünger aber gaben sie den*

Leuten, und alle aßen und wurden satt. Und sie sammelten die übrig gebliebenen Brotstücke ein, zwölf Körbe voll. Es waren etwa fünftausend Männer, die gegessen hatten, dazu noch Frauen und Kinder.

Matthäus 14,15–21

»Jetzt hab ich Hunger«, sagt Emily, nachdem Pfarrer Helm ihnen zum Abschluss des Unterrichts noch einmal diesen Text vorgelesen hat.
Alle lachen.
»Es gibt auch gleich Abendessen«, sagt Frau Rolfes.
»Unser letzter Abend«, sagt Vanessa.
»Eigentlich müssten wir ein Fest feiern, weil es so schön hier war. Ein Abschiedsfest.«
»Ja, das wär cool«, stimmt Marvin sofort zu. Die anderen nicken.
»Ich habe nichts dagegen«, meint Pfarrer Helm. »Aber ihr müsst es selbst planen und euch um alles kümmern.«
Beim Abendbrot kommen sie kaum dazu zu essen, weil sie sofort das Fest besprechen wollen.
»Wir haben nichts eingekauft für ein Fest«, gibt Pauline zu bedenken.

»Und die Köchin geht abends immer nach Hause«, fügt Sarah hinzu.
»Dann gucken wir im Kühlschrank nach. Und in der Vorratskammer.« Janis springt auf. »Seid ihr endlich fertig mit dem Essen?«
»Langsam«, mahnt Frau Rolfes. »Setz dich bitte wieder hin, bis alle fertig sind.«
Ungeduldig wartet Janis, bis endlich alle aufgegessen haben, auch die lahme Pauline, die doppelt so lange zu kauen scheint wie die anderen. Als sie endlich ihren Teller zurückschiebt, fängt er sofort an, alles auf den Geschirrwagen zu stapeln. Sarah hilft ihm.
Marvin ist schon in die Küche gelaufen. »Im Kühlschrank sind nur die Sachen fürs Frühstück«, ruft er.
Zu zweit schieben Sarah und Janis den Wagen in die Küche. Sarah schaut in die Vorratskammer.
»Und hier ist nur Brot.«
»Das nehmen wir.« Marvin kichert. »Vielleicht vermehrt es sich von selbst.«
»Wie soll das denn gehen?«
»Keine Ahnung. So wie bei der wunderbaren Brotvermehrung.«

Daniel steckt den Kopf zur Küchentür hinein, schaut von einem zum anderen, sagt aber kein Wort.
Schließlich einigen sie sich darauf, dass sie im Gruppenraum ein bisschen Musik hören, tanzen und Spiele machen wollen. Vanessa holt ihr Malzeug, damit sie »Begriffe raten« spielen können. Marvin bringt seinen MP3-Player und schließt ihn an die Musikanlage an. Sarah entdeckt noch eine Flasche Apfelsaft in der Küche. Immerhin. Janis kocht zusätzlich noch ein paar Kannen Früchtetee. Pauline, Fabi und Emily schmücken den Gruppenraum mit Luftschlangen, die sie in einer Schublade gefunden haben.
Nur Daniel scheint sich auf einmal in Luft aufgelöst zu haben.
»Der könnte ja auch mal helfen«, murrt Janis vor sich hin.
Als sie sich alle im Gruppenraum versammelt haben und Marvin gerade die Musik aufdrehen will, stößt Sarah einen Schrei aus.
»Da, guckt mal!«
»Mädchen!«, denkt Janis. Die müssen sich doch immer anstellen. Bestimmt hat Sarah in irgend-

einer Zimmerecke eine harmlose kleine Spinne entdeckt und macht deswegen jetzt einen Riesenwirbel.

»Da«, wiederholt Sarah und deutet mit dem Finger … Nicht in die Zimmerecke, sondern auf einen der Tische.

Janis schaut genauer hin. Da ist keine Spinne. Es sei denn, Spinnen sind rot und grün und gelb. Nein, da sind … Gummibärchen!

»Und hier! Hier auch!«

Janis dreht sich im Kreis. Überall liegen Süßigkeiten und Knabbereien, wie auf einer Party. Gummibärchen, Salzbrezeln, Chips.

»Das ist die wunderbare Brotvermehrung«, flüstert Pauline.

»Die wunderbare Süßigkeitenvermehrung«, grinst Marvin.

Janis schaut zur Tür. Da steht Daniel, die Hände in den Hosentaschen, und tut ganz cool. Aber seine Backen sind keine Hamsterbacken mehr. Und das Geheimversteck in seinem Schrank ist jetzt bestimmt auch leer.

Der schiefe Tag

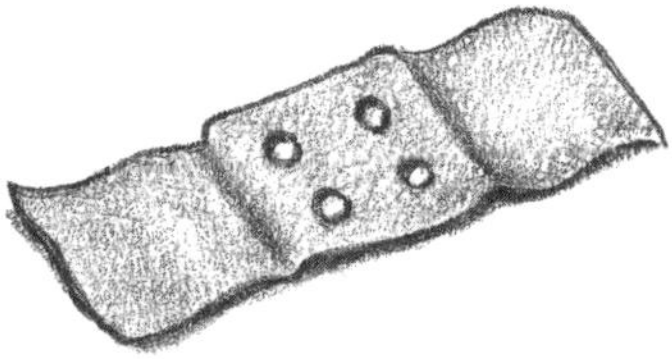

Es gibt Tage, die sind schief. So nennt Fabi Tage, an denen einfach nichts klappen will. Heute ist so ein Tag. Es geht schon morgens los. Da schläft er wieder ein, nachdem Mama ihn geweckt hat. Und bis sie merkt, dass er gar nicht im Bad ist, sondern immer noch im Bett liegt, ist es schon viel zu spät. Obwohl er den ganzen Schulweg rennt, schafft er es nicht mehr rechtzeitig in die Schule und wird von der Lehrerin angemeckert.

Als er am Nachmittag nach der Skater-AG nach

Hause kommt, sind Papa und Mama noch arbeiten. Beide müssen zurzeit Überstunden machen. Fabi auch. Seine Mathehausaufgabe ist nämlich so schwer, dass er sie in der Mittagsbetreuung nicht fertig bekommen hat. Und als er sich zu Hause noch mal dransetzt, wird es wieder nur Mist.
Als er danach auf die Straße rennt, um seine Wut auf dem Skateboard auszutoben, fliegt er ganz fies hin. Und sein Freund Daniel lacht auch noch blöd, weil er nicht merkt, dass Fabi am Knie blutet. Weshalb Fabi ihm gleich mal eine runterhauen muss. Woraufhin Daniel sauer wird und schreit und zurückhaut, sodass sie schließlich beide wutschnaubend nach Hause stampfen.
Und zu Hause ist natürlich immer noch keine Mama, kein Papa, niemand, der ihn trösten könnte, und so muss er sich das Pflaster selbst aus dem Medizinschränkchen im Bad holen und aufs blutige Knie kleben.
Zum Glück ist heute wenigstens Kommunionunterricht. Pfarrer Helm hat ihnen weiße Kerzen mitgebracht, die sie mit Symbolen für die Kommunion verzieren: mit einer Ähre, einem Weinstock, einem Engel … Fabi wählt einen Regenbogen.

Währenddessen erzählt Pfarrer Helm: »Zu eurer Taufe habt ihr auch schon eine Kerze bekommen. Wenn ihr nun am Weißen Sonntag zum ersten Mal die heilige Kommunion empfangt, dann erneuert ihr euer Taufversprechen. Und wie bei eurer Taufe wird auch bei eurer Erstkommunion die Kerze an der Osterkerze in der Kirche angezündet. Mit ihrem Licht vertreibt sie die Dunkelheit und trägt das Licht Gottes in eure Herzen und in die Welt.«

Fabi hört genau zu. Ihm ist schon viel leichter ums Herz. Der Tag ist nicht mehr so furchtbar schief.

Am Ende der Kommunionstunde nimmt er seine Kerze mit dem bunten Regenbogen und dem Kreuz vorsichtig in beide Hände und schreitet nach draußen.

Da passiert es: Daniel geht an ihm vorbei. Fabi kann es nicht lassen, er streckt ihm die Zunge raus. Er hat seinem Freund immer noch nicht verziehen, dass der ihn vorhin ausgelacht hat. Als er anschließend davonrennt, fällt ihm die Kerze aus den Händen. Und dann macht es »knack«, und die Kerze ist entzwei.

Vor lauter Tränen sieht Fabi kaum noch, wo er hin-

tritt. Wie ferngesteuert hebt er die zerbrochene Kerze auf und läuft nach Hause. Er tastet nach seinem Schlüssel, drückt die Tür auf.
Aus der Küche dringen Geräusche. Papa steht am Herd und kocht, Mama räumt Einkäufe in den Kühlschrank.
»Bald gibt's Abendessen«, sagt Papa fröhlich. Fabi antwortet nicht. Er trampelt in sein Zimmer und

schmeißt die beiden Kerzenhälften auf den Fußboden.
Mama geht ihm nach. »Ist was passiert?«, fragt sie.
»Nein«, schreit Fabi. Obwohl ja sehr viel passiert ist. Aber nie war jemand für ihn da. Und jetzt ist es zu spät. »Lass mich in Ruhe!«
Mama steht eine Weile still im Zimmer und schaut ihn an. Fabi dreht das Gesicht weg. Wann geht sie denn endlich? Aus den Augenwinkeln sieht er, dass Mama sich im Zimmer umschaut und dann auf den Fußboden guckt.
Endlich klappern ihre Schritte.
Fabi hockt sich auf den Teppich, legt die Arme um seine angezogenen Knie und drückt sein Gesicht dagegen. Er ist so froh, dass er endlich allein ist. Und gleichzeitig ist er so traurig, weil ihn immer noch keiner tröstet. Dann hört er wieder Schritte. Fabi vergräbt seinen Kopf in den Armen. Aber Mama spricht ihn nicht an. Wie vorhin steht sie nur einen Moment still im Zimmer, dann geht sie wieder hinaus.
Fabi wartet. Aber Mama kommt nicht zurück. Was hat sie nur gewollt? Was hat sie gemacht? Vorsichtig hebt er den Kopf. Das Zimmer ist leer. Er ist al-

lein. Aber dort, am Fenster, direkt neben dem Topf mit der Senfpflanze, steht eine brennende Kerze. Ihr flackernder Schein spiegelt sich in der Scheibe. Fabi steht auf und stellt sich vor die Kerze. Nach einer Weile holt er seinen Schreibtischstuhl, schiebt ihn ans Fenster und setzt sich vor die Kerze. Schaut in die Flamme. Schaut und schaut. Und spürt, wie er ruhiger wird.

Wie der Tag langsam wieder gerade wird. Und plötzlich hat er einen Einfall. Er springt auf, rennt in den Flur zum Telefon und wählt Daniels Nummer. »Tut mir leid mit der Klopperei vorhin«, sagt er. »Mein Knie hat geblutet, da war ich sauer.«

»Tut mir auch leid«, antwortet Daniel. »Hab ich blöderweise nicht gemerkt.«

Danach geht er zu seinem Bruder Sven, dem Mathecrack, ins Zimmer. »Kannst du mir vielleicht bei Mathe helfen?«

»Klar«, sagt Sven. Nach drei Sätzen hat Fabi schon kapiert, woran er bisher verzweifelt ist. Danach geht er ins Wohnzimmer. Papa und Mama decken gerade den Tisch.

»Meine Kerze ist zerbrochen«, erzählt Fabi. »Helft ihr mir, sie wieder heil zu machen?«

Mama streicht ihm übers Haar. »Natürlich.« Nach dem Abendessen erhitzen sie die beiden Kerzenenden und verschmelzen sie miteinander. Nun sieht die Kerze beinahe aus wie neu und kann ihr Licht in die Welt tragen. In Fabis Herz ist es schon.

Die verlorene Patin

»Ich hab Farbkarton und alles, was man braucht«, sagt Pauline auf dem Heimweg von der Schule zu Vanessa. »Ich will Einladungskarten für die Kommunionfeier basteln. Hast du Lust?«
»Tolle Idee«, findet Vanessa. Das ist viel besser als die vorgefertigten Karten, die man kaufen kann. »Ich komm nachher zu dir«, verspricht sie.
Am Nachmittag setzen sie sich zusammen an den großen Tisch in Paulines Esszimmer und schnei-

den verschiedene Motive aus: ein Kreuz, einen Fisch, einen Abendmahlkelch, eine brennende Kerze. Das alles kleben sie auf die bunten Karten. »Herzliche Einladung zur Kommunion am Weißen Sonntag um 11 Uhr in der St. Johanneskirche«, schreiben sie dazu.

Dann müssen sie noch die Briefumschläge mit den Adressen beschriften. Pauline hat eine endlos lange Liste, wen sie alles einladen will.

»So viele?«, fragt Vanessa.

»Ihr habt bestimmt noch mehr Leute«, meint Pauline. »Weil ihr doch zwei seid.«

Das stimmt, sie und Marvin sind gleich zwei Kommunionkinder. Trotzdem kommen nicht so viele Leute. Die Eltern von Papa sind leider schon gestorben. Mamas Schwester lebt mit ihrer Familie im Ausland. Da bleiben nur die Eltern von Mama und Papas Bruder Gregor mit seiner Familie.

»Und die Paten«, erinnert Pauline sie.

»Der Pate ist Gregor«, sagt Vanessa. »Der ist ja eh schon dabei.«

»Zweimal?«, fragt Pauline.

Das versteht Vanessa nicht. Warum denn zweimal?

»Na ja, als Pate von Marvin und als Pate von dir?«, fragt Pauline. »Ist dieser Gregor denn der Pate von euch beiden?«
Vanessa klappert mit ihrer Schere. Hm, das ist komisch. Darüber hat sie nie nachgedacht. Ein Pate verspricht bei der Taufe, das Kind auf seinem Weg ins Leben zu begleiten, ihm den Glauben nahezubringen und überhaupt immer für es da zu sein. Darüber haben sie erst neulich im Kommunionunterricht gesprochen.
Vanessa ist automatisch davon ausgegangen, dass Gregor ihr Pate ist, denn der besucht sie oft und schenkt ihr auch immer etwas zum Geburtstag. Aber bei Marvin macht er das genauso.
»Mama«, fragt Vanessa abends, als sie mit einer Tüte voller gebastelter Einladungen nach Hause gekommen ist, »Mama, wer ist eigentlich Marvins Pate?«
»Das ist Gregor«, antwortet Mama.
Hat sie es sich doch gedacht. »Und wer ist mein Pate?«
Mama schweigt.
»Ist das auch Gregor?«, bohrt Vanessa nach.
Mama schweigt immer noch.

»Sag schon«, drängelt Vanessa.
»Nein«, antwortet Mama endlich und jetzt sieht sie richtig traurig aus. »Es ist Susann. Susann Weber.«
Den Namen hat Vanessa noch nie gehört.
»Wir waren Freundinnen«, erzählt Mama. »Aber dann haben wir uns verkracht.«
»Warum denn?«
»Sie hat sich auf dieselbe Stelle beworben wie ich. Ich hatte damals keine Arbeit. Die Arbeitszeiten waren gut und ihr hättet dort in den Betriebskindergarten gehen können. Das wusste sie alles. Trotzdem hat sie sich beworben und dann hat sie die Stelle bekommen, obwohl sie einen guten anderen Job hatte und ich keinen.«
»Und dann?«
»Dann haben wir uns nie wieder gesehen.«
»Nie wieder?« Das kann Vanessa sich gar nicht vorstellen. Klar, mit Pauline streitet sie auch öfter mal. Oder mit Marvin! Aber sich vorzustellen, dass man sich danach nie wieder sieht … Und klar, manchmal muss man sich nach einem Streit aus dem Weg gehen. Zur Abkühlung. Aber danach ist es doch auch wieder gut.

Immer wieder denkt Vanessa in den nächsten Tagen an Mamas Freundin Susann. Alle reden vom Kommunionfest und von ihren Paten. Nur sie wird ohne ihre Patin feiern. Mama hat zwar gesagt, Gregor sei jetzt eben der Pate für sie beide. Aber das stimmt nicht. Gregor ist zwar nett. Er ist ihr Onkel. Er ist auch immer für sie da. Aber irgendwie ist es nicht richtig.
Eines Nachmittags, als sie ihre Hausaufgaben fertig hat, geht Vanessa an Mamas Computer. In der Schule haben sie neulich gelernt, wie man im Internet Informationen sucht und worauf man beim Surfen aufpassen muss. Seitdem darf sie auch alleine an den Computer und hat sogar eine eigene Mail-Adresse.
Jetzt gibt sie den Namen von Mamas Freundin ein. Die Suchmaschine zeigt ihr unter dem Namen Susann Weber viele Ergebnisse an. Aufgeführt ist auch die Mitarbeiterin einer Firma ganz in der Nähe. Ob sie das ist? Vanessa schaut lange das Bild an, auf dem ihr eine Frau freundlich entgegenlächelt. Darunter steht eine E-Mail-Adresse.
Mit klopfendem Herzen schreibt Vanessa eine Nachricht: »Sehr geehrte Susann Weber, ich heiße

Vanessa und bin die Tochter von Renate Fröhlich. Wenn Sie meine Patin sind, dann würde ich mich freuen, wenn Sie am Weißen Sonntag um 11 Uhr zu meiner Kommunion in die St. Johanneskirche kommen. Wenn Sie nicht diese Susann sind, dann löschen Sie bitte meine Mail. Mit freundlichen Grüßen, Vanessa Fröhlich.«

Vanessa klickt auf »Senden«. Was nun wohl passiert?

Am nächsten Tag braucht Vanessa ewig für ihre Hausaufgaben. Eigentlich will sie ganz schnell damit fertig sein, denn sie darf immer erst nach den Hausaufgaben an den Computer. Aber wahrscheinlich braucht sie gerade deswegen heute besonders lang.

Dann endlich kann sie den Computer hochfahren und in ihre Mailbox schauen. Sie hat eine Mail bekommen – von *Unbekannt!*

Mit zitternden Fingern klickt Vanessa die Mail an. »Liebe Vanessa!«, liest sie. »Deine Mail war eine große Überraschung für mich und hat mich riesig gefreut. Ja, ich bin deine Patin. Und ich würde sehr, sehr gerne zu deiner Kommunion kommen. Aber vielleicht weißt du, dass das nicht so einfach ist.

Deine Mutter und ich haben uns vor vielen Jahren zerstritten. Wir waren früher gute Freundinnen und ich vermisse sie sehr. Ich möchte dein Fest aber nicht stören, indem ich einfach dort auftauche, das würde nur Aufregung geben. Am besten fragst du deine Mutter. Wenn sie einverstanden ist, komme ich gerne. Viele liebe Grüße von deiner Patin Susann.«
Vanessa liest die Mail einmal und noch mal. Und immer wieder. Es war die richtige Susann! Sie hat ihre Patin wiedergefunden! Schließlich druckt sie die Mail aus und legt Mama das Blatt auf den Esstisch. Dann huscht sie in ihr Zimmer.
Lange lauscht sie. Mama rumort in der Küche herum, kocht, deckt den Tisch. Dann tritt auf einmal Stille ein. Vanessa hält den Atem an. Hat Mama endlich die Mail entdeckt? Es raschelt. Zerreißt sie etwa das Blatt mit der ausgedruckten Mail?
»Vanessa«, ruft Mama.
Vanessa kann kaum laufen, so zittern ihr die Knie. Sie schleicht über den Flur ins Esszimmer. Mama sitzt am Tisch, das Blatt in der Hand. Sie hat es nicht zerrissen, immerhin. »Wie hast du sie gefunden?«, fragt Mama.

»Über das Internet«, flüstert Vanessa. Sie traut sich kaum, Mama anzuschauen. »Ich hab meine Patin gesucht.«
Vorsichtig linst Vanessa zu Mama. Und da sieht sie, dass ihr ganz still eine Träne über die Wange rollt.
»Schreib ihr, sie soll kommen«, sagt Mama.
»Schreib ihr, ich habe sie auch vermisst. Sosehr.«
Und dann nimmt sie Vanessa in den Arm und drückt sie ganz fest an sich.

Heute ist dein Tag!

»Sarah, kämm dir die Haare. Sarah, hast du deine Haarspange? Sarah, du musst deine Schuhe noch putzen!«

Alle sind fürchterlich aufgeregt, nur Sarah nicht. Sie ist die Ruhe selbst. Schließlich ist heute ein besonderer Tag, da kann man doch nicht herumrennen wie ein aufgescheuchtes Huhn.

Deshalb bewegt sich Sarah heute langsam und gemessen. Mit bedachten Bewegungen schlüpft sie in ihr Kommunionkleid, damit es auch ja nicht knittert. Ein schönes Kleid ist es. Viele Wochen hing es bei Mama im Schrank, und Sarah ist immer wieder ins Schlafzimmer gegangen und hat es angeschaut.

Und heute ist nun der Tag gekommen! Heute darf sie es endlich anziehen. Es ist weiß und lang, ganz schlicht, aber mit den schönen Stickereien auch sehr festlich. Im Haar trägt sie einen Blumenkranz, den Papa vorhin noch aus dem Blumenladen abgeholt hat.

»Wo hab ich nur deine Kerze hingelegt?« Mama rast durch die Wohnung, ganz unfestlich.

»Will auch eine Blume«, quäkt Flo.

»Nein, du gehst nicht zur Kommunion, nur Sarah«, erklärt Papa.

»Will auch eine Kommunion.« Flos Unterlippe zittert.

»Wenn du so alt bist wie Sarah jetzt, dann gehst du zur Erstkommunion.«

»Will aber.« Die ersten Tränen kullern.

Sarah zupft eine Blüte aus ihrem Blumenkranz und gibt sie Flo. Heute möchte sie, dass alle glücklich sind, auch ihr kleiner Bruder.

Mama sucht immer noch die Kerze. Papa klappert mit dem Autoschlüssel. Flo strahlt verzückt die Blüte an. Sarah zieht noch einmal ihren Zettel hervor, auf dem sie ihre Fürbitte notiert hat.
»Barmherziger Gott, sei mit allen, die arm oder krank sind oder Hilfe brauchen«, hat sie aufgeschrieben. Das kann sie natürlich auswendig. Tausend Mal hat sie es schon gelesen und sich vorgesagt. Aber den Zettel steckt sie trotzdem lieber ein. Sicher ist sicher. Wer weiß, ob sie nicht doch noch aufgeregt wird und dann alles vergisst.
»Da ist sie ja!« Mama zieht die Kommunionkerze aus einer Küchenschublade. »Warum hab ich sie nur da hineingelegt?«, rätselt sie.
Endlich fahren sie los. Papa lässt den Motor aufheulen. Das passiert ihm bestimmt nur, weil er aufgeregt ist, denn Papa ist eigentlich ein guter Autofahrer. Flo singt »Ihr Kinderlein kommet«. Das hat er zu Weihnachten im Kindergottesdienst gelernt. Mama zappelt auf dem Beifahrersitz herum. Nur Sarah ist die Ruhe selbst.
Vor der Kirche stehen eine Menge Menschen, viel mehr als sonst an einem Sonntag. Es ist ein richtiges Gewimmel. Und alle haben sich fein gemacht.

Die Mädchen tragen schöne weiße Kleider, die Jungen festliche Hosen und Jacken und ausnahmsweise keine Turnschuhe. Alle hüpfen aufgeregt durcheinander.

»Hier!«, schreit Emily. »Ich bin hier, Sarah!«

Sarah schreitet gelassen auf sie zu. Die Erstkommunionkinder werden gemeinsam in die Kirche einziehen, immer zu zweit, und Sarah wird neben Emily gehen.

»Hallo, Emily«, sagt sie.

»Oh, Mann, bin ich aufgeregt«, seufzt Emily. »Ich hab überhaupt nichts heruntergekriegt beim Frühstück und jetzt ist mir schlecht.«

»Vielleicht hättest du doch was essen sollen«, meint Sarah.

»Wie denn? Kannst du deine Fürbitte?«

»Na klar.«

»Ich auch. Meine geht so.« Emily schließt die Augen. »Barmherziger Gott ...«

»Ich glaube, du solltest die Gemeinde beim Sprechen anschauen«, rät Sarah.

Emily öffnet die Augen. »Barmherziger Gott ...« Sie stockt. »Jetzt ist auf einmal alles weg. Ich kann es nicht mit offenen Augen«, jammert sie.

Sarah versucht, sie zu beruhigen: »Denk an Gott und dass er uns in diesem Gottesdienst ganz besonders nahe ist.« Das hat Pfarrer Helm ihnen gesagt.

Die Glocken beginnen zu läuten. Sarah durchströmt ein tiefes Glücksgefühl. Emily atmet ein paar Mal tief durch. »Okay«, flüstert sie. »Ich denk dran.«

Inzwischen hat die Gemeinde in den Kirchenbänken Platz genommen. Wie Sarah sich schon gedacht hat, ist die Kirche so voll, dass sie fast aus allen Nähten platzt. Mama hat Flo auf den Schoß genommen. Auch viele andere Kinder sitzen bei ihren Eltern auf den Knien, weil sie sonst keinen Platz mehr gefunden haben. Ein paar Leute stehen sogar am Rand.

Wieder spürt Sarah dieses Glücksgefühl. Alle diese Menschen sind gekommen, weil sie mit ihnen zusammen ihre Erstkommunion feiern wollen!

Pfarrer Helm trägt bereits sein Messgewand. Freundlich lächelt er sie an, so wie er auch immer in den Kommunionstunden gelächelt hat. Egal, was sie gemacht haben, ob sie aufmerksam oder abgelenkt, gut drauf oder schlecht gelaunt waren, ob sie kluge Sachen gesagt oder Blödsinn geredet haben – Pfarrer Helm hatte immer Geduld mit ihnen, hatte immer ein offenes Ohr für ihre Sorgen und Nöte, hat ihnen immer einen möglichen Weg aufgezeigt, den sie gehen konnten.

Und Sarah ist plötzlich zutiefst dankbar. Zur ersten Kommunionstunde wollte sie damals gar nicht hingehen. Hatte noch tausend Ausreden erfunden,

um sich zu drücken. Und nun ist fast ein Jahr vergangen, ein Jahr voller Freude. Die Pflanze, die aus ihrem Senfkorn gewachsen ist, ist schon richtig groß geworden. Und sie selbst steht hier, neben ihrer besten Freundin, inmitten ihrer anderen Freunde, inmitten der Gemeinde, und sie gehört dazu. Sie hat gelernt zu vertrauen, sie hat gelernt, dass da immer einer ist, der zu ihr steht, sie begleitet. Sie ist nicht allein, denn Gott ist immer bei ihr. Spontan läuft Sarah zu Pfarrer Helm und drückt ihm die Hand. »Danke«, sagt sie nur. »Danke!«
Die Glocken verklingen, dann beginnt die Orgel zu spielen.
»Es geht los«, zischt Emily und zieht Sarah neben sich. Zur feierlichen Orgelmusik ziehen sie hinter Pfarrer Helm und den Ministranten in die Kirche ein. Alle sind aufgestanden und strahlen sie an. Mama und Papa. Flo, der ihr mit seiner Blüte zuwinkt. Eine unbekannte Frau winkt auch, und Vanessa strahlt und winkt zurück. Wer das wohl ist? Zwischen Daniels Eltern steht ein junger Mann, den Sarah noch nie gesehen hat. Die Frau, die sie immer »die Hexenfrau« genannt haben, stützt sich auf ihren Stock. Und da, neben Emilys Mutter, ist

sogar Tante Klara. Beide sehen fröhlich und entspannt aus.
Wie wohl die große Feier wird? Während der Gottesdienst beginnt und die Kinder sich in die ersten, mit Blumen geschmückten Bankreihen setzen, die extra für sie frei gehalten wurden, fliegen Sarahs Gedanken voraus. Nachher werden sie mit der ganzen Familie im vornehmen Hotel am See zu Mittag essen. Am Nachmittag dann zu Hause Kaffee trinken und den Kuchen essen, den sie mit Mama zusammen gestern gebacken hat.
Es ist schon alles vorbereitet, der Tisch schön gedeckt. Sie wird viele Geschenke bekommen und sicher auch viel Geld. Davon, das hat sie sich fest vorgenommen, wird sie die Hälfte für das Patenkind spenden, das von der Gemeinde im Namen der Erstkommunionkinder unterstützt wird.
»Komm, wir sind dran!«, zischt Emily neben ihr. Sie steht bereits, während Sarah immer noch selig vor sich hin träumt.
Hastig erhebt sich Sarah. Gemeinsam treten sie nach vorne, um ihre Fürbitten vorzulesen. Pauline bittet für die Opfer von Kriegen und um Frieden in der Welt. Daniel bittet für ihre Familien, dass sie

gesund bleiben, nicht streiten und es weiterhin gut miteinander haben. Emily bittet für alle Verstorbenen, dass Gott sie bei sich aufnimmt. Sie hat die Augen weit aufgerissen und spricht ein klein wenig stockend.
Jetzt ist Sarah dran. Und da, von einem Moment auf den anderen, wird ihr glühend heiß und ihre Hände beginnen zu zittern. Was wollte sie sagen? Was für ein Glück, dass sie ihre Fürbitte aufgeschrieben hat! Sie tastet nach ihrem Zettel. Wo ist er bloß? Vorsichtig schaut sie in die Gemeinde. Alle Augen schauen erwartungsvoll zu ihr zurück. Sarahs Hirn ist wie leer gefegt. Und dann sagt sie das, was ihr als Erstes einfällt – und es kommt direkt aus ihrem Herzen:

Ich glaube an Gott,
den Vater, den Allmächtigen,
den Schöpfer des Himmels und der Erde.
Und an Jesus Christus,
seinen eingeborenen Sohn, unsern Herrn,
empfangen durch den Heiligen Geist,
geboren von der Jungfrau Maria,
gelitten unter Pontius Pilatus,

gekreuzigt, gestorben und begraben,
hinabgestiegen in das Reich des Todes,
am dritten Tage auferstanden von den Toten,
aufgefahren in den Himmel;
er sitzt zur Rechten Gottes, des allmächtigen Vaters;
von dort wird er kommen,
zu richten die Lebenden und die Toten.
Ich glaube an den Heiligen Geist,
die heilige katholische Kirche,
Gemeinschaft der Heiligen,
Vergebung der Sünden,
Auferstehung der Toten
und das ewige Leben.
Amen.